LINUCCIO PEDERZANI - ALIDA CAPPELLETTI
MARCO MEZZADRI

Girotondo

L'italiano nel mondo
(primo approccio)

GUIDA INSEGNANTE

Musiche originali delle canzoni:
Juan Carlos "Flaco" Biondini
Direzione dei cori e delle voci:
Beniamina Carretta
Programmazione, mix, editing:
José Luis "Sartén" Asaresi

Si ringrazia la dott.ssa N.L. Manghi, dirigente del IV° circolo didattico di Parma

Art Direction e Progetto Grafico:
salt & pepper - Perugia
Illustrazioni: Fulvio Petri
(per Chesi Illustrations & Studio Caba)

ISBN 88-7715-628-7
Copyright 2003 Guerra Edizioni
www.guerra-edizioni.com

Stampa: Guerra - Guru S.r.l.

Tutti i diritti riservati.
E' assolutamente vietata la riproduzione, anche parziale, dell'opera con qualsiasi mezzo effettuata, non autorizzata, compresa la fotocopia.

AVVERTENZE GENERALI:

In ogni unità vengono date indicazioni per attività che si possono svolgere nel caso di una classe monolingue e in cui l'insegnante parla la stessa lingua dei bambini. Tali attività sono precedute dall'indicazione **CLASSE MONOLINGUE**.

In un altro riquadro viene riassunta la vicenda che funge da filo conduttore del libro, preceduta dall'indicazione **STORIA**.

PLURIDISCIPLINARITÀ: le storie che i bambini cercano di immaginare durante la fase di elicitazione (vedi riquadro CLASSE MONOLINGUE) possono inoltre diventare materiale alternativo su cui lavorare in collaborazione con l'insegnante\gli insegnanti delle altre discipline.

Prima dell'inizio di ogni attività, dove necessario, viene indicato il **MATERIALE** che l'insegnante dovrà avere a disposizione. Il registratore portatile non viene mai indicato perché è sempre necessario in ogni unità.

PREREQUISITI: vista la fascia d'età a cui è indirizzato *Girotondo Primo Approccio*, si presuppone ovviamente che il bambino sappia leggere e scrivere.

Nelle prime unità sarebbe opportuno osservare assieme ai bambini le diverse icone e le relative consegne, in modo da aiutarli a comprenderle, cosa che in seguito diventerà naturale.

IL CAMPIONATO DEI RICORDI: in ogni unità didattica sono presenti attività di ripresa di lessico o di strutture presentate nelle unità precedenti. Al fine di stimolare i bambini a ricordare attivamente quanto appreso in precedenza, si è introdotto il CAMPIONATO DEI RICORDI: per ogni attività contrassegnata dalla definizione "IL CAMPIONATO DEI RICORDI: PRIMA (SECONDA, ecc.) PARTITA" e dalla corrispondente icona, si devono formare squadre di 4 bambini ciascuna, le quali hanno il compito di rispondere ai quesiti posti di volta in volta dal testo e dall'insegnante. A ogni risposta esatta ogni bambino riceve un punto, da segnare nella propria classifica. Importante è che le squadre cambino a ogni attività, in modo da non fossilizzare la competitività tra i gruppi. Per quanto riguarda la formazione delle squadre si consiglia di attribuire a ogni bambino un numero e quindi di estrarre a sorte. Vi sono poi attività alle quali i bambini partecipano individualmente, ricevendo ognuno i punti per la propria classifica. Si consiglia inoltre (così come indicato nella PRIMA PARTITA), di incollare i risultati delle partite su un cartellone da appendere al muro, affinché i bambini possano sempre avere davanti agli occhi quanto da loro prodotto (in tal modo si fissano meglio le strutture riproposte dal campionato dei ricordi). I punteggi ottenuti dai bambini devono essere indicati su un cartellone recante la scritta colorata *La classifica del Campionato dei Ricordi*:

una tabella con i nomi dei singoli bambini e quadratini al fianco di ogni nome, che devono essere anneriti in base al punteggio ottenuto.

LA COPPA DEI CAMPIONI è una sezione dedicata alla revisione e alla verifica delle strutture linguistiche e del lessico presentati nelle precedenti 3 unità.
Per rimanere in tema con il campionato dei ricordi abbiamo pensato di chiamare questa attività riassuntiva e di verifica Coppa dei Campioni: i bambini giocano anche qui a squadre di 4, ma ci sono anche attività individuali che permettono di stabilire un vincitore finale, sempre nel rispetto di un'attenzione al desiderio di competitività da soddisfare nell'ambito di uno spirito collaborativo. A tale proposito, come nel caso del campionato dei ricordi, le squadre vengono sorteggiate e cambiano a ogni partita.
È necessario, per non creare pause durante lo svolgimento della lezione, che sia già pronto il cartellone che riporta i nomi dei singoli bambini e la relativa classifica (simile a quello del campionato dei ricordi). Il cartellone, in alto, dovrebbe avere la scritta *Classifica della Coppa dei Campioni*. Sarebbe opportuno preparare anche il cartellone su cui riportare i risultati delle varie partite: in pratica è un grande foglio bianco su cui incollare le varie attività svolte, con un'intestazione colorata recante la scritta Coppa dei Campioni, prima (seconda, terza) parte.
È un momento di stacco che rompe con la routine delle attività presenti nelle unità, una fase di verifica e di ripasso che non vuole in nessun modo far sorgere nei bambini i filtri affettivi della noia verso argomenti già conosciuti o della tensione riguardo ad attività di controllo.

IL DIZIONARIO ILLUSTRATO: in alcuni casi le attività che invitano a tagliare e incollare le figurine sul dizionario illustrato sono messe all'inizio dell'unità didattica e servono come ripresa del lessico delle unità precedenti. In altri casi invece le attività hanno la funzione di ripetizione o di scrittura del vocaboli. Vi possono essere però casi in cui la Sua programmazione prevede una ripresa del lessico diversa da quella impostata in questo libro oppure momenti in cui il clima della classe necessita di un'attività "tranquilla" finalizzata a rasserenare i bambini. La nostra è una scelta consigliata, che comunque può e deve essere filtrata dalla Sua impostazione metodologica, dal Suo stile didattico e, non da ultimo, dalla Sua sensibilità di insegnante.

Come avrà notato anche nelle righe precedenti, abbiamo deciso di rivolgerci all'insegnante con la forma di cortesia "Lei", a cui fa eco il pronome possessivo "Suo\a" (anche questo maiuscolo). Si tratta di una forma che ormai sta scomparendo dalla lingua italiana, ma che ci è sembrato opportuno conservare al fine di evitare confusione tra la terza persona singolare del maschile e del femminile (con riferimento a un bambino o a una bambina) e appunto la forma di cortesia.
ABILITA' TRASVERSALI: l'apprendimento di una lingua straniera non è fine a se stesso ma è parte integrante dello sviluppo globale del bambino. Le attività di *Girotondo* sollecitano i diversi canali

di apprendimento e i rispettivi linguaggi, verbali e non verbali, interagendo costantemente con le altre discipline in un rapporto di mutuo scambio. È per questo motivo che nello schema che precede ogni unità didattica vengono indicate le abilità trasversali che di volta in volta vengono sviluppate durante lo svolgimento delle diverse attività.

In tal modo anche l'apprendimento della lingua straniera, sviluppando i diversi linguaggi, contribuisce alla formazione di una visione globale della realtà, di cui appunto i linguaggi e i modi espressivi delle diverse discipline sono parte integrante.

È per questo motivo che le attività proposte mirano anche all'acquisizione di strategie metacognitive (imparare a imparare) che portano il bambino alla scoperta e alla ricerca del sapere, in modo sempre più autonomo e creativo, nonché alla cooperazione attraverso attività di gruppo, di coppia, sollecitando la capacità di pensiero riflessivo e critico.

LINGUA DELLA CLASSE: con questa espressione si intende evidenziare il lessico e le strutture tipiche delle attività che si svolgono in classe. Ciò è importante particolarmente per i bambini che studiano in Italia in quanto, in questo modo, si sviluppano gli strumenti che permettono loro di seguire e comprendere le istruzioni degli insegnanti di altre discipline. Nel caso di bambini che studiano in una situazione monolingue all'estero, l'utilizzo della madrelingua può in parte sostituire l'italiano nelle prime fasi dello studio, rendendo così meno urgente l'introduzione della lingua della classe in modo capillare. Tuttavia è bene che Lei impieghi la lingua della classe e ne sfrutti le potenzialità: quelle operative ad esempio. Il bambino è portato a svolgere dei compiti precisi che si concretizzano in una risposta operativa a stimoli linguistici forniti nella lingua straniera ("*apri il libro, ascolta la canzone, ecc.*") e in questo modo lo si abitua ad associare allo stimolo linguistico l'azione, il fare con la lingua, cogliendo così uno dei presupposti principali della glottodidattica contemporanea. Inoltre l'immediatezza della risposta operativa che caratterizza queste situazioni porta il bambino ad automatizzare, a rendere naturale e spontaneo un comportamento che deriva da uno stimolo in lingua straniera. Non solo: un bambino che trova difficoltà a esprimersi verbalmente in lingua straniera può trovare una possibilità comunicativa alternativa attraverso l'espressione corporea extraverbale.

UNITÀ 1 CIAO

FUNZIONI		GRAMMATICA	LESSICO	ABILITÀ TRASVERSALI
Formulare e comprendere i saluti (registro formale e informale).	Ciao. Buongiorno bambini. Buongiorno signora.	I°, II°, III° pers. sing. di *essere*. I°, II°, III° pers. sing. di *chiamarsi*.	I numeri da 1 a 10. I colori: bianco, nero, rosso,	- formulare ipotesi, fare previsioni e verificarle - ascoltare e comprendere attraverso l'immagine,
Presentarsi e chiedere l'identità di altri.	Io sono... e tu chi sei?	I°, II° persona singolare di *venire*. Il pronome interrogativo *chi?*	blu, giallo, verde, rosa, marrone, arancione, viola.	- memorizzare, - ripetere canzoni e filastrocche, - contare, - eseguire addizioni entro il dieci,
Dire i numeri fino a 10.	I numeri fino a 10.	Gli interrogativi *Come?, Da dove?, Che?*	La bandiera.	- utilizzare il linguaggio gestuale, - colorare,
Chiedere e dire la provenienza.	Da dove vieni? Vengo da...		Il nome. Italia.	- effettuare le combinazioni cromatiche,
Chiedere e dire i colori.	(Di) Che colore è? Verde, ecc.		La canzone. La filastrocca.	- drammatizzare, - orientarsi all'interno di uno spazio,
Dire il proprio nome e chiedere il nome di altri.	Come ti chiami? Mi chiamo...		Il numero. Il colore.	- collegare parole e brevi frasi a immagini, - tagliare e incollare,
Chiedere l'identità di terze persone e presentarle.	Come si chiama (lui)? (Lui) si chiama... Come si chiama (lei)? (Lei) si chiama...		La parola. La pagina.	- ascoltare e completare una frase con la parola mancante, - accompagnare la voce con elementi espressivi non verbali, - utilizzare la motricità corporea per apprendere i numeri e in funzione comunicativa.

1 Cantiamo una canzone

STORIA: Togo, un bambino la cui caratteristica è quella di avere la punta del naso colorata di blu, arriva con l'astronave da una terra sconosciuta, bussa alla finestra della classe e si presenta ai bambini.

CLASSE MONOLINGUE: provi a chiedere ai bambini se hanno mai sentito espressioni o parole in lingua italiana e li inviti a dirle. Come attività a casa, valida per tutta la durata del corso, potrebbe anche dir loro di cercare parole in italiano, ritagliarle e incollarle su dei cartoncini, per creare successivamente un cartellone comune, fatto tutto di materiale autentico e intitolato, ad esempio, "TROVA L'ITALIANO". Potrebbe essere un modo per costruire un *angolo italiano* e, attraverso questi *realia*, scivolare gradatamente nell'ambito della lingua e della cultura straniera (qualora non si avesse a disposizione un'aula da dedicare alle sole lezioni di italiano). Questa attività viene naturalmente svolta nel caso in cui la classe si trovi all'estero. In Italia infatti non è necessario, anzi, sarebbe più opportuna l'attività opposta, cioè l'esposizione nella classe italiana di immagini o scritte che richiamino il paese di provenienza dei bambini stranieri.

MATERIALI: cartoncini con i nomi dei bambini citati nella canzone (numero di cartoncini pari al numero dei bambini della classe: se c'è una classe di 12 bambini, 4 saranno Marco, 4 Paola, 4 Giulia), gesso blu.
I cartoncini con i nomi devono essere già pronti in modo da non spezzare il ritmo della lezione.

LINGUA DELLA CLASSE: inviti dapprima i bambini ad aprire il libro in lingua italiana: "*Apri \ aprite il libro a pagina 6*" (si rivolga alternativamente a un singolo e a tutta la classe in modo da far conoscere contemporaneamente le forme dell'imperativo alla seconda persona sia singolare che plurale), aiutandoli a comprendere la consegna attraverso gesti chiari.
In questo modo si comincia ad abituare il bambino fin da subito alla lingua necessaria a eseguire le azioni di routine della classe. Quindi legga il titolo dell'attività ("*Cantiamo una canzone*") facendo in modo che i bambini capiscano di che cosa si tratta (lo dica, magari, cantando e mimando il fatto che si canta tutti assieme).

CLASSE MONOLINGUE: prima di procedere all'ascolto della canzone è senz'altro interessante, per incuriosire i bambini e stimolare la loro immaginazione, far loro prevedere la storia dei personaggi del libro attraverso le immagini presentate nel testo.
Ad esempio: "*Chi è secondo voi questo personaggio?*", "*Da dove viene?*", "*Chi saranno i suoi compagni di avventure?*", "*Perché?*", "*Dove si trovano?*", ecc.
Può anche annotarsi le risposte dei bambini, poi verificare con loro se le previsioni erano giuste.
Questa attività di previsione, presente in tutto il libro, potrebbe essere lo spunto per un lavoro interdisciplinare.

Testo della canzone:

Togo:	Ciao, ciao.
Coro:	Ciao, ciao, ciao.
Togo:	Ciao.
Coro:	Ciao.
Togo:	Io sono Togo, io sono Togo e tu chi sei? E tu chi sei?
Marco:	Io sono Marco, io sono Marco e tu chi sei? E tu chi sei?
Paola:	Io sono Paola, io sono Paola e tu chi sei? E tu chi sei?
Giulia:	Io sono Giulia, io sono Giulia e tu chi sei? E tu chi sei?
Togo:	Io sono Togo, io sono Togo. Ciao, ciao, ciao. Io sono Togo, io sono Togo. Ciao.
Coro:	Ciao.
Togo:	Ciao.
Coro:	Ciao.
Togo:	Ciao.

1.1 Faccia osservare le immagini che rappresentano la canzone e chieda ai bambini, indicando Togo, "*Lui chi è?*". Di certo i bambini non capiranno le Sue parole, ma ciò che importa è che Lei stimoli la curiosità con l'intonazione della voce e con l'espressione del viso.

LINGUA DELLA CLASSE: a questo punto può invitare i bambini a chiudere il libro, dato che il primo ascolto deve appunto essere fatto a libro chiuso. Come in precedenza, si aiuti molto con i gesti e con la mimica e inviti prima alcuni singoli bambini ("*chiudi il libro*") poi tutta la classe ("*chiudete tutti il libro*") a eseguire l'azione richiesta.

1.2 Faccia ascoltare una volta la canzone a libro chiuso: durante l'ascolto dovrebbe mimare il testo, evidenziando in modo particolare "*ciao*" "*io*" e "*tu*".

CLASSE MONOLINGUE: può chiedere nuovamente ai bambini che cosa, secondo loro, viene detto nella canzone.

1.3 Secondo ascolto a libro chiuso: con una gestualità molto esplicita inviti i bambini a ripetere in coro le parti che vengono cantate più volte.

1.4 Terzo ascolto a libro aperto: faccia ascoltare la canzone a singole strofe e inviti i bambini a cantare e mimare con Lei, attraverso la consegna: "*cantiamo*".

LINGUA DELLA CLASSE: provi una prima volta a far aprire i libri senza mimare l'azione, così da verificare se i bambini ricordano quanto fatto all'inizio di questa attività. In caso contrario ribadisca l'invito ad aprire il libro accentuando la gestualità.

1.5 Quarto ascolto: distribuisca in modo uniforme i cartoncini con il nome dei personaggi citati nella canzone (numero di cartoncini pari al numero dei bambini della classe: se c'è una classe di 12 bambini, 4 saranno Marco, 4 Paola, 4 Giulia), tenendo per Lei quello di Togo. Mostri ai bambini che, ogni volta che sentiranno il nome scritto sul loro cartoncino, si dovranno alzare in piedi cantando la loro parte, quindi proceda all'ascolto e inviti i bambini a cantare tutti insieme, alzandosi al momento opportuno.

LINGUA DELLA CLASSE: anche quest'ultimo punto 1.5 può essere sfruttato per esercitare alcuni elementi del linguaggio della classe. Consegni infatti i cartoncini ai bambini e, dando l'esempio, inviti a leggere il nome ("*leggi – leggete*") riportato sugli stessi, poi faccia ascoltare brani della canzone mostrando ai bambini che devono alzarsi ("*alzati – alzatevi*") quando sentono il nome e che devono sedersi ("*siediti – sedetevi*") nel momento in cui viene cantato un nome diverso da quello riportato sul loro cartoncino.

UN GIOCO: "TOGO DICE…"

A questo punto Lei ha già elementi sufficienti per giocare a *Togo dice…*, la versione italiana del più famoso *Simon says…*. Come si gioca:

crei un "sottofondo" musicale facendo battere delicatamente le mani sui banchi e dica "*Togo dice…* (è necessario lasciare la voce sospesa, così da creare attesa e attenzione) *aprite il libro*". A questo punto tutti i bambini devono aprire il libro, e così via con gli altri comandi ("*alzatevi, sedetevi, chiudete il libro*"). Al fine di usare sia la seconda persona singolare che quella plurale, Lei dovrebbe chiamare i bambini per nome, singolarmente o in coppia (ad esempio, "*Togo dice… Carlos apri il libro – Carlos e Maria aprite il libro*"), e così via.

L'aspetto ludico di questa attività è dato dal fatto che i bambini devono eseguire i comandi solamente se sentono la frase "*Togo dice…*", mentre se eseguono anche correttamente un comando che però non è preceduto da tale frase, vengono eliminati.

Per i primi tempi sia Lei a dettare le regole e a scandire il ritmo delle frasi, mentre successivamente possono essere i bambini stessi che giocano da soli. La conduzione del gioco potrebbe anche diventare il premio per chi ha svolto correttamente altre attività del corso (a Sua discrezione).

Questo gioco può essere ripetuto con diversi comandi, per cui nelle prossime attività non verrà più ribadito come si gioca, ma solamente si indicherà il lessico da utilizzare.

Nota importante: *abbiamo indicato ora il gioco perché in conseguenza delle attività i bambini hanno incontrato alcuni comandi. Ciò non significa che sia proprio questo il momento per effettuare il gioco. Riteniamo infatti che debba essere Lei a decidere quando fare esattamente il gioco, in base alle Sue esigenze didattiche, ai Suoi tempi con la classe e al Suo stile di insegnamento. Giocare ora, infatti, potrebbe anche significare spezzare il ritmo del lavoro iniziato con la presentazione della canzone e potrebbe di conseguenza creare una frattura tra l'ascolto e la ripetizione della canzone stessa e la drammatizzazione presentata nell'attività 2.*

Il nostro consiglio è quello di dare priorità alle attività del corso, presenti anche nel libro dello studente, e di utilizzare i giochi dei riquadri della LINGUA DELLA CLASSE in momenti di pausa, quando i bambini hanno bisogno di riposarsi o quando non hanno l'attenzione sufficiente per svolgere attività più impegnative.

2 Tocca a te

Drammatizzazione della canzone:

2.1 Se il Suo rapporto con la classe è già impostato in chiave ludica e piuttosto aperta, nella prima fase di questa attività, con un gesso blu, si può colorare la punta del naso rappresentando così il ruolo di Togo (sempre che tale comportamento, ribadiamo, non sia in antitesi con il Suo stile di insegnamento e la Sua metodologia). Dica comunque "*Io sono Togo e tu chi sei?*" invitando i bambini a rispondere con il proprio nome.

2.2 Nella seconda fase i bambini vengono suddivisi in gruppi di 4 e, a turno, uno rappresenta Togo (è importante il fatto che si colori di blu la punta del naso), mentre gli altri dovranno rispondere con il proprio nome.

3 Impariamo una filastrocca

PREREQUISITI: i bambini devono conoscere, nella loro lingua, i numeri fino a 10.

3.1 Prima di ascoltare la filastrocca verifichi se qualcuno sa già dire i numeri fino a dieci in italiano, ad esempio invitando con le dita a contare, oppure scrivendo i primi due numeri alla lavagna e chiedendo di proseguire in italiano, ecc.

Nell'affrontare attività di questo tipo, in cui il bambino può essere indotto a stimolare la propria competitività in modo esagerato, Lei dovrebbe cercare di controllare gli eccessi e sostenere dinamiche collaborative nella classe. Ad esempio, nel caso in cui Lei sappia della presenza nella classe di elementi particolarmente competitivi, cerchi di organizzare il lavoro non su base individuale (uno contro tutta la classe), ma svolgendo la prima parte dell'attività in gruppi in cui i ruoli vengono definiti e assegnati nell'ottica di un controllo delle personalità più esuberanti.

LINGUA DELLA CLASSE: sicuramente i bambini sono attirati dalla immagini del loro libro, per cui li inviti a chiuderlo evitando di usare gesti che permettano di capire quanto ha detto, così da verificare se anche questo comando è stato recepito dai bambini ("*chiudi – chiudete il libro*").

Nota: *in questa prima unità cerchiamo di sottolineare molto gli aspetti riguardanti la lingua della classe, cosa che si andrà affievolendo nelle unità successive, quando i bambini già avranno recepito tanti elementi di tale linguaggio. Sarà comunque Suo compito verificarlo e quindi decidere se insistere o meno nelle attività riferite alla lingua della classe o semplicemente nel sottolineare questa lingua durante lo svolgimento del corso.*

3.2 Primo ascolto, a libro chiuso, di tutta la filastrocca: indichi i numeri con le dita e mimi le azioni.

Testo della filastrocca:

Bambina:	Uno, due, tre.
Togo:	Vieni qui da me.
Bambina:	Quattro, cinque, sei.
Togo:	Dimmi tu, chi sei?
Bambina:	Sette, otto.
Togo:	Dammi un pizzicotto.
Bambina:	Nove, dieci.
Togo:	Dammi tanti baci.

3.3 Faccia ascoltare la filastrocca ancora a libro chiuso, invitando i bambini a mimare con Lei le azioni e a contare i numeri con le dita (senza parlare).

3.4 Successivo ascolto in blocchi (durante questa fase i bambini possono leggere il testo sul libro) e conseguente ripetizione dei blocchi (inviti i bambini a contare con le dita i numeri che stanno recitando):

Uno, due, tre.	Quattro, cinque, sei.	Sette, otto.	Nove, dieci.
Vieni qui da me.	Dimmi tu chi sei?	Dammi un pizzicotto.	Dammi tanti baci.
(ripetizione corale)	*(ripetizione corale)*	*(ripetizione corale)*	*(ripetizione corale)*

3.5 Ultimo ascolto: tutta la filastrocca e successiva ripetizione.

4 Giochiamo

PREREQUISITI: il bambino deve sapersi orientare nello spazio, seguendo un percorso già tracciato.

Tenendo il Suo libro aperto di fronte ai bambini, mostri come si gioca e lasci poi che i bambini giochino a coppie.

LINGUA DELLA CLASSE: introduca il verbo "*giocare*" sottolineando, come al solito, le due forme dell'imperativo ("*gioca \ giocate*"). In questo caso è semplice perché si gioca a coppie, per cui inviti un bambino a giocare con il suo compagno ("*Omar gioca con Halina*") e un'altra coppia a giocare insieme ("*Mary e Peter giocate insieme*").

Come si gioca: i bambini giocano a coppie: uno si sposta sui cerchi rappresentati sul libro dello studente usando una gomma come segnaposto e ripetendo la propria parte di filastrocca, mentre chi rappresenta il ruolo di Togo risponde con la seconda parte delle rispettive strofe. Poi i bambini si scambiano i ruoli.

Bambino :	Uno, due, tre (*mentre sposta il segnaposto sulle rispettive caselle disegnate sul libro fino a raggiungere la casella 3*);
Togo:	Vieni qui da me (*il segnaposto va spostato nel cerchio di Togo*);
Bambino:	Quattro, cinque, sei (*dalla posizione in cui si trova Togo il segnaposto va spostato sulle caselle 4, 5 e 6*);
Togo :	Dimmi tu chi sei? (*ogni bambino risponde usando la forma "io sono…"*);
Bambino:	Sette, otto (*il segnaposto va spostato sulle caselle 7 e 8*);
Togo:	Dammi un pizzicotto (*il bambino darà un pizzicotto a Togo*);
Bambino:	Nove dieci (*il bambino si sposta sulle caselle 9 e 10*);
Togo:	Dammi tanti baci (*il bambino manda i baci*).

4/bis Giochiamo (attività supplementare o alternativa)

MATERIALE: gesso blu.

PREREQUISITI: il bambino deve sapersi orientare nello spazio seguendo un percorso già tracciato.

Prima di iniziare il gioco crei una spazio abbastanza largo nell'aula e sul pavimento con il gesso disegni i numeri fino a 10, incasellati in quadrati sufficientemente grandi da contenere fino a 4 bambini. La disposizione dei numeri deve seguire l'immagine rappresentata sul libro dello studente: quest'attività è in pratica la versione "animata" dell'attività precedente.

4.1 Per iniziare, mimi il gioco ai bambini, poi vada a collocarsi all'interno del Suo cerchio (se lo ritiene opportuno, sarebbe consigliabile che si colorasse la punta del naso di blu, in modo da rappresentare Togo) e inviti i bambini a contare e a spostarsi contemporaneamente sulle caselle contenenti i numeri. Una volta che i bambini hanno capito il gioco, Lei potrebbe farsi sostituire da uno di loro nel ruolo di Togo.

NOTA: *nel caso di un gruppo limitato di bambini il gioco può essere fatto singolarmente, mentre con una classe più numerosa i bambini dovranno essere divisi in gruppi (ogni gruppo deve essere composto al massimo da 4 bambini).*

Come si gioca: Il bambino o i gruppi di bambini si spostano sulle caselle disegnate per terra, mentre chi rappresenta il ruolo di Togo si posiziona all'interno dell'apposito cerchio.

I bambini recitano:	Uno, due, tre (*mentre si spostano sulle rispettive caselle disegnate per terra, fino a raggiungere la casella 3*);
Togo:	Vieni qui da me (*a questo punto i bambini che si trovano nella casella 3 vanno verso Togo*);
Bambini:	Quattro, cinque, sei (*dalla posizione in cui si trova Togo i bambini si spostano sulle caselle 4, 5 e 6*);
Togo :	Dimmi tu chi sei? (*ogni bambino risponde usando la forma "io sono..."*).
Bambini:	Sette, otto (*i bambini si spostano sulle caselle 7 e 8*);
Togo:	Dammi un pizzicotto (*i bambini daranno un pizzicotto a Togo*);
Bambini:	Nove dieci (*i bambini si spostano sulle caselle 9 e 10*);
Togo:	Dammi tanti baci (*i bambini mandano i baci*).

4/ter Giochiamo (attività supplementare o alternativa)

Faccia ripetere la filastrocca ai bambini, seduti in coppia uno di fronte all'altro. Mentre recitano la filastrocca i bambini scandiscono il ritmo battendosi le mani l'uno contro l'altro (prima la destra con la destra, poi la sinistra con la sinistra e infine entrambe le mani). Faccia vedere un primo esempio giocando con un bambino, poi li lasci giocare da soli.

5 Ascoltiamo

LINGUA DELLA CLASSE: richiami l'attenzione sull'attività di ascolto e, con una mano all'orecchio nel tipico gesto di chi ascolta, si rivolga alla classe prima con un "*ascoltiamo un dialogo*", poi con l'imperativo alla seconda persona plurale e singolare. Ad esempio: "*D'accordo? Chiudete il libro e ascoltate. Anche tu Ling chiudi il libro e ascolta*" e così via con altri bambini singoli.

MATERIALE: acquerelli o colori a tempera, pennelli, cartelloni bianchi.

PREREQUISITI: i bambini devono conoscere i colori nella loro lingua e devono saper usare il pennello.

CLASSE MONOLINGUE: chieda ai bambini se immaginano il nome della terra di Togo (Blunasia). Dopo che lo avranno sentito, provi a chiedere il motivo di quel nome. Nel frattempo disegni la bandiera dell'Italia e la attacchi su un cartellone, con la scritta "Italia". Chieda poi ai bambini se conoscono i colori della loro bandiera e li inviti a disegnarla a casa, in modo da attaccarla sul cartellone nella lezione successiva. Chieda infine ai bambini come sarà la bandiera di Togo.

IL CARTELLONE DELLE BANDIERE E DELLE NAZIONALITÀ: faccia osservare la bandiera italiana (se non ha immagini, la può disegnare su un foglio, che poi appenderà nel cartellone), dicendo "*Questa è la bandiera italiana, è rossa, bianca e verde. Di che colore è la tua bandiera?*". Esegua quest'attività in classe, si faccia dire i colori della bandiera dei bambini, poi li inviti a disegnarla a casa. È un'attività che può funzionare bene in caso di classe plurilingue, cioè di classe in cui siano presenti bambini di diverse nazionalità. Qualora vi fosse una classe monolingue può invitare i bambini a disegnare o a ricercare a casa le bandiere di alcune nazioni che conoscono e quindi di portarle a scuola per la lezione successiva. Nel frattempo prepari il cartellone delle bandiere e delle nazionalità, che deve essere diviso in due parti: sul lato sinistro vi sono le bandiere delle nazioni (con scritto il nome della nazione), sul destro deve far disegnare sempre un bambino e una bambina, sotto i quali scriverà, ad es., "*un bambino italiano*", "*una bambina italiana*", e così di seguito per le altre nazioni.

Testo del dialogo:

Bambino:	Ma tu da dove vieni?
Togo:	Vengo da Blunasia.
Togo :	Questa è la mia bandiera.
Togo :	Uno è giallo, due è rosso, quattro è blu, otto è bianco, nove è nero.
Tutta la classe :	Uauhhhh!

5.1 Faccia ascoltare una prima volta il dialogo senza fare aprire il libro e chieda ai bambini quali numeri riescono a sentire: scriva eventualmente alla lavagna le risposte dei bambini.

5.2 Faccia ascoltare il dialogo una seconda volta, seguendo il testo sul libro, in modo che i bambini verifichino se hanno indovinato i numeri.

5.3 Faccia ascoltare nuovamente il dialogo (i bambini hanno il libro chiuso) tenendo sollevato il Suo libro e indichi con un dito il pianeta di Togo, la bandiera e i colori nel momento in cui vengono citati.

5.4 Prenda le figurine illustrate relative ai colori citati nel dialogo, le mostri a Sua discrezione e inviti i bambini a ripetere il colore, chiedendo *"che colore è?"*

6 Coloriamo la bandiera di Togo

LINGUA DELLA CLASSE: anche il colorare è una delle attività più frequenti della scuola, soprattutto nei primi anni, per cui è necessario che i bambini imparino subito questo verbo. Prenda i Suoi colori e, mostrandoli, legga il titolo dell'attività. Successivamente si rivolga prima alla classe intera poi ai singoli (girando tra i banchi e rivolgendosi al singolo bambino), con espressioni del tipo *"Colorate la bandiera, colora qui di rosso"*, ecc.

6.1 I bambini devono colorare la bandiera di Togo con i colori corretti.

6.2 Faccia ripetere i colori della bandiera: giri tra i bambini mentre colorano e indichi con un dito un colore chiedendo *"(Di) che colore è?"*.

7 Troviamo gli altri colori

PREREQUISITI: saper effettuare operazioni di addizione con due o tre numeri e entro il dieci. I bambini devono inoltre conoscere i colori primari e le combinazioni cromatiche.

MATERIALE: acquerelli o dei colori a tempera e uno o più cartelloni bianchi molto grandi che utilizzerà per le combinazioni cromatiche. Nel caso non ne abbia a disposizione, sono sufficienti dei fogli bianchi in formato A4 o simili.

DISPOSIZIONE DELLA CLASSE: formate gruppi di max. 4 bambini, che devono sedere a coppie uno di fronte all'altro, in modo da avere i cartelloni e i colori al centro.

7.1 Dapprima inviti i bambini intorno a Lei a osservare ciò che farà. Inizi prendendo uno dei colori primari e chieda ai bambini di ricordare il nome del colore; quindi prenda un altro colore primario (es. giallo e blu), li unisca e dica il nome del colore risultante ad alta voce, con l'espressione *"Giallo più blu, che colore è? Verde"*. Lo ripeta più volte e faccia rispondere i bambini quando ritiene che abbiano appreso il nuovo colore. Combinazioni cromatiche:

Giallo + rosso = **arancione**
giallo + blu = **verde**
rosso + blu = **viola**
giallo + rosso + blu = **marrone**
bianco + rosso = **rosa**

7.2 A questo punto divida in gruppi e faccia loro provare le diverse combinazioni sui cartelloni.

7.3 Infine, facendo sempre lavorare i bambini sui cartelloni, faccia loro completare l'attività sul libro dello studente. Legga prima Lei come esempio poi faccia leggere l'operazione matematica e il colore risultante ai bambini (Es.: *"Due più uno uguale tre. Che colore è? Arancione"*), in modo da puntualizzare meglio la pronuncia.

LINGUA DELLA CLASSE: facciamo solamente notare come attraverso un'attività in cui imparano i colori, i bambini possono anche apprendere uno degli aspetti principali del linguaggio della matematica, cioè le parole che riguardano l'addizione. L' espressione *"due più uno uguale a tre"* infatti viene appresa naturalmente, ma può anche essere esercitata con altre operazioni in cui Lei può anticipare la prima parte della frase (*"tre più quattro uguale..."*), lasciando la voce sospesa in attesa della risposta del bambino. Nelle prossime unità verrà presentata anche la domanda *"quanto fa (ad esempio) venti più sette?"*.

8 Scriviamo il nostro nome

MATERIALE: cartoncini, forbici, colla.

Faccia osservare ai bambini i disegni del libro dello studente. Faccia poi aprire il libro alla pagina I degli allegati e faccia scrivere ai bambini il loro nome nel rettangolo tratteggiato, glielo faccia ritagliare e infine incollare su un cartoncino, così come indicato dal disegno sul libro dello studente. Anche Lei dovrà avere la sua targhetta, che mostrerà all'inizio dell'attività, in modo che appaia evidente la differenza tra nome e cognome. Accentui il fatto che non ricorda bene i nomi di tutti i bambini, così che sentano appieno l'utilità di quest'attività manuale. Lasci intendere che quest'attività è propedeutica all'ascolto successivo.

LINGUA DELLA CLASSE: quest'attività permette di introdurre un'altra serie di verbi fondamentali per la vita scolastica. Infatti i bambini devono dapprima scrivere il loro nome sul cartoncino ("*scrivi – scrivete*"), dopo aver seguito le istruzione di aprire il libro alla pagina I degli allegati ("*apri – aprite il libro alla pagina I degli allegati*"), devono poi tagliare il rettangolo tratteggiato ("*taglia – tagliate*") e infine devono incollarlo sul cartoncino ("*incolla – incollate sul cartoncino*"). Da ultimo devono piegare il cartoncino ("*piega \ piegate il cartoncino*") seguendo la linea tratteggiata.

9 Ascoltiamo

STORIA: Togo incontra i suoi futuri compagni di avventura.

CLASSE MONOLINGUE: chieda ai bambini come si usano i saluti nel loro paese (formali e informali).

Testo del dialogo:

Insegnante:	Buongiorno bambini.
Bambini:	Buongiorno signora.
Insegnante a Togo:	Come ti chiami?
Togo:	Mi chiamo Togo.
Togo:	Come si chiama lui?
Insegnante:	Si chiama Pietro.
Togo:	Come si chiama lei?
Insegnante:	Si chiama Bianca.
Togo:	Ciao Pietro, ciao Bianca.
Pietro e Bianca:	Ciao Togo.

9.1 Faccia ascoltare il dialogo una prima volta senza libro, chiedendo ai bambini di individuare alcuni nomi propri. Dica ad esempio: "*Chi parla qui?*" e interrompa il dialogo quando una voce conosciuta ha finito di parlare. Chieda dunque "*Chi è?*" e indichi il registratore da cui esce la voce.

9.2 Faccia ascoltare ancora il dialogo a libro aperto, cercando di mettere in evidenza i pronomi "*tu*", "*lui*" e "*lei*", poi esca dalla classe con un bambino, al quale colorerà la punta del naso con il gesso blu (sempre ammesso che questa procedura rientri nel Suo stile di insegnamento, altrimenti dica semplicemente alla classe che quel bambino è Togo). Rientri in classe e drammatizzi il dialogo con i bambini, utilizzando i loro nomi.

9.3 Divida la classe in gruppi da 4 e lasci che i bambini drammatizzino da soli il testo del dialogo. Durante questa attività giri tra i gruppi per ascoltare come i bambini usano le strutture appena imparate. Ponga anche Lei qualche domanda.

10 Giochiamo

MATERIALE: nastro adesivo o spilli per appuntare dei fogli di carta.

DISPOSIZIONE DELLA CLASSE: sposti i banchi verso le pareti in modo da creare uno spazio centrale abbastanza ampio.

A seconda del numero di bambini della classe, ad alcuni viene attribuito un numero (fino a un massimo di dieci): i bambini devono scrivere il numero su dei fogli bianchi e se lo devono attaccare al petto, con nastro adesivo e con degli spilli.
Uno o più bambini voltano le spalle al gruppo "numerato". A turno, un bambino "numerato" dice il proprio numero e Lei (sostituita/o poi, sempre a turno, da un bambino) chiede "*Come si chiama il numero 1?*" e un bambino tra quelli con le spalle voltate deve indovinare chi ha parlato rispondendo "*Si chiama ...*".
Prolunghi il gioco a Sua discrezione.

LINGUA DELLA CLASSE: le nuove strutture introdotte possono anche essere esercitate con un gioco in cui si utilizzano alcuni ordini appresi soprattutto dalla filastrocca dell'attività 3 e si riutilizzano altri comandi visti in precedenza. Può chiamare alla cattedra prima un bambino poi una coppia di bambini ("*alzati \ alzatevi – vieni \ venite alla cattedra*") ponendo poi delle domande introdotti dall'imperativo "*dimmi o ditemi*". Ad esempio: "*Dimmi chi è lui\lei – Dimmi come si chiama lui\lei – Dimmi di che colore è*", altre domande inerenti le strutture finora incontrate. Il gioco termina con la frase "*Bene, va' \ andate al posto*", cioè un altro comando ricorrente nella vita della classe.

11 Scriviamo i numeri

Faccia dapprima ripetere oralmente ai bambini i colori dei numeri ("*Il numero 2, di che colore è?*") poi li inviti a scriverli, così come appare nel libro dello studente.

12 Troviamo e scriviamo le parole

PREREQUISITI: i bambini devono sapere compilare un elenco desumendo prima i dati da uno schema.

I bambini dovranno prima cerchiare le parole che trovano, quindi scriverle negli spazi appositi. La parola SIGNORA serve da esempio, in modo che l'attività possa essere compresa intuitivamente.

CIAO - ~~SIGNORA~~ - BUONGIORNO - BAMBINI - TU - LUI - LEI - IO - COME - CHI

RIGA 1:	V	B	S	I	G	N	O	R	A	S	B
RIGA 2:	F	I	V	O	R	R	A	R	L	E	I	C
RIGA 3:	Z	A	T	B	U	U	C	I	A	O	D	A
RIGA 4:	C	C	T	U	D	T	O	G	C	S	L	T
RIGA 5:	S	L	T	B	D	C	O	M	E	L	T	A
RIGA 6:	S	O	B	L	U	I	D	T	P	R	B	N
RIGA 7:	D	B	U	O	N	G	I	O	R	N	O	D
RIGA 8:	D	R	O	B	C	H	I	F	R	P	L	U
RIGA 9:	D	S	A	B	A	M	B	I	N	I	R	E
RIGA 10:	R	E	T	P	O	T	R	I	O	B	V	T

RIGA 1: SIGNORA
RIGA 2: LEI
RIGA 3: CIAO
RIGA 4: TU
RIGA 5: COME
RIGA 6: LUI
RIGA 7: BUONGIORNO
RIGA 8: CHI
RIGA 9: BAMBINI
RIGA 10: IO

Al termine dell'attività faccia leggere quanto scritto.

13 Ascoltiamo e scriviamo

13.1 Faccia ascoltare il dialogo una volta senza guardare il libro: anche in questo caso chieda ai bambini di scrivere i nomi propri che riescono a individuare.

13.2 Il secondo ascolto è mirato a far numerare le nuvolette (che si trovano alla pagina I degli allagati) in ordine appunto di ascolto.

13.3 Il terzo ascolto, battuta per battuta, deve permettere ai bambini di scrivere la parola mancante. Se lo ritiene opportuno, aumenti o diminuisca il numero degli ascolti, a Sua discrezione.

13.4 Prima di passare all'attività successiva faccia leggere ad alcuni bambini quanto hanno scritto.

Testi completi delle nuvolette,
in cui appaiono quattro brevi dialoghi:

	Parole mancanti
Ciao, io sono Bianca	**io**
e tu chi sei?	**tu chi sei**
Ciao, io sono Pietro.	**sono**
Come si chiama lui?	**lui**
Si chiama Togo.	**si chiama**
Come si chiama lei?	**Come\lei**
Si chiama Anna.	**si chiama**
Da dove vieni?	**Dove**
Vengo da Blunasia.	**Vengo**

14 Tagliamo e incolliamo

MATERIALE: forbici, colla.

PREREQUISITI: i bambini devono saper collegare suoni a immagini.

14.1 I bambini tagliano le nuvolette e le incollano sui disegni che rappresentano il dialogo.

14.2 Faccia nuovamente leggere i dialoghi ai bambini che non hanno letto durante l'attività precedente.

LINGUA DELLA CLASSE: la lettura dei dialoghi rappresenta lo spunto per introdurre il verbo *"leggere"* nelle sue varie forme dell'imperativo. Lei può esordire con un *"Leggiamo"* per poi invitare i bambini a leggere a coppie (*"Angela e Juan, leggete il primo dialogo, tu Angela leggi questo"* – indicando una frase - *"e tu leggi questo"* – indicando l'altra frase. Oppure può dire, indicando due bambini, *"adesso leggi tu e leggi tu, leggete voi due il primo dialogo."*). Occorre cioè che Lei trovi una forma per far sentire sia *"leggi"* che *"leggete"*.

LINGUA DELLA CLASSE: come gioco riassuntivo di tutte le strutture viste in questa prima unità, può ripetere un *Togo dice...* così come indicato in precedenza, tenendo presente che può utilizzare i termini riportati nella tabella seguente.

Unità 1

Apri \ aprite il libro a pagina…	Gioca \ giocate
Cantiamo una canzone	Ascolta \ ascoltate
Chiudi \ chiudete il libro	Colora \ colorate
Leggi \ leggete il nome	Due più uno uguale a tre
Alzati \ alzatevi	Scrivi \ scrivete
Siediti \ sedetevi	Taglia \ tagliate
Vieni \ venite qui	Piega \ piegate
Dammi	Incolla \ incollate
Dimmi	Va' \ andate al posto

UNITÀ 2 BLUNASIA

FUNZIONI		GRAMMATICA	LESSICO	ABILITÀ TRASVERSALI
Chiedere e dire il nome degli oggetti della classe.	Che cos'è? E' un/una...	Articolo indeterminativo un\una.	Gli oggetti della classe: la matita, la colla, la forbice, la penna, la gomma, il temperino, il libro, il righello, il quaderno, il pennarello.	- formulare ipotesi, - fare previsioni e verificarle, - ascoltare e comprendere attraverso il registratore e l'immagine - drammatizzare - ripetere canzoni e filastrocche, - memorizzare, - utilizzare il linguaggio gestuale - sapersi orientare nello spazio, - saper localizzare oggetti nello spazio, - collegare parole e brevi frasi a immagini, - associare i suoni agli oggetti, - osservare e scoprire somiglianze e differenze per verificare il lavoro svolto, - ascoltare e riordinare, - utilizzare la motricità corporea per apprendere i numeri in funzione comunicativa, - tagliare e incollare.
Chiedere e dire la provenienza.	Da dove vieni? Vengo da... Sono + nazionalità.	Articolo determinativo il\la. L'avverbio interrogativo Che Cosa?		
Usare espressioni di gioia.	Che bello!	La preposizione da.		
Chiedere cosa manca.	Che cosa manca?	I^a e III^a persona sing. di mangiare.	I numeri da 11 a 20. Il dizionario illustrato. Il campionato dei ricordi. La partita.	
Dire i numeri fino a 20.	I numeri da 11 a 20.			
Richiedere un oggetto.	Per favore mi dai un/una + oggetto?			
Rispondere nella forma affermativa e negativa.	Sì, prendi. No, mi dispiace.			

1 Il dizionario illustrato

MATERIALE: forbici e colla.

Si tratta della prima attività con le figurine che fanno parte del dizionario illustrato. Alla pagina II degli allegati vi sono delle immagini con i numeri da 1 a 10. Faccia colorare le immagini, quindi le faccia ritagliare e incollare sul dizionario illustrato nella sezione "I NUMERI". Se per motivi di tempo ritiene inopportuno far svolgere questa attività in classe, può far eseguire la stessa a casa.

Un'altra possibilità è quella di non fare incollare subito le figurine illustrate sul dizionario e di giocare a tombola così come indicato nell'attività successiva.

LINGUA DELLA CLASSE: ricordiamo, all'inizio di questa seconda unità, di non abbandonare l'attenzione verso le forme di lingua della classe introdotte con le attività dell'unità 1. Ribadiamo inoltre che, qualora per motivi diversi ne riscontrasse la necessità (livello di attenzione della classe, difficoltà da parte dei bambini a ricordare il lessico della classe già visto, necessità di animare un momento "morto" della lezione,ecc.), può far ripetere in ogni momento i giochi già visti nell'unità 1.

2 Giochiamo a tombola

MATERIALI: forbici e colla.

2.1 Faccia completare le didascalie delle figurine illustrate (pagina IV degli allegati) quindi le faccia ritagliare.

2.2 Indichi poi come si gioca a tombola, invitando i bambini a scegliere sei figurine illustrate corrispondenti a sei colori e a posizionarle negli appositi spazi della cartella della tombola (pagina III degli allegati).

2.3 Mescoli le sue 10 figurine illustrate relative ai colori e inizi l'estrazione, chiamando i colori ad alta voce. I bambini che avranno sulla cartella il colore chiamato, dovranno fare una croce a matita (così da poter giocare più volte) nella casella corrispondente.

2.4 Continui sino a quando qualcuno avrà barrato tutti e 6 i colori, cioè quando qualcuno avrà fatto TOMBOLA. A questo punto il bambino dovrà ripetere i colori della sua tabella e prendere il Suo posto. Chi vince ha infatti diritto all'estrazione.

> **LINGUA DELLA CLASSE:** con lo scopo di verificare l'effettiva vittoria alla tombola, inviti il bambino vincente a ripetere i colori della propria cartella, dicendo ad esempio "*Ripeti i colori*", poi gli faccia ripetere nuovamente i colori uno ad uno e inviti il resto della classe a ripetere con lui, così da introdurre la forma "*Ripetete tutti insieme*". Una volta verificata l'esattezza dei colori, attribuisca la vittoria con la frase "*Bravo, hai vinto, adesso tocca a te*", invitando il bambino vincitore a estrarre i colori. La stessa frase dovrà essere ripetuta in occasione della vittoria successiva, e così via fino alla fine del gioco. Ci saranno altre occasioni in cui verrà consigliato il gioco della tombola: La invitiamo pertanto a seguire queste indicazioni in modo da ripetere e fissare le strutture proposte.
>
> Come indicato in precedenza, qualora ne riscontrasse la necessità, può assegnare come premio al vincitore della tombola la possibilità di condurre il gioco di *Togo dice...*

2.5 Al termine del gioco faccia incollare le figurine sul dizionario illustrato.

Lo stesso gioco può essere eseguito con i numeri da 1 a 10.

2/bis In italia questo gioco si chiama "Bandiera"
(attività supplementare o alternativa)

Nel caso riscontrasse la necessità e avesse l'opportunità di fare un po' di movimento (anche nelle ore dedicate all'educazione fisica), consigliamo questo gioco, con il quale si possono ripetere non solo i colori, ma anche i numeri o altri elementi del lessico (qualsiasi campo semantico incontrato in questo libro può andare bene, purché siano chiare le istruzioni impartite ai bambini).

> **DISPOSIZIONE DELLA CLASSE:** il gioco deve essere effettuato in uno spazio ampio, per cui sarebbe meglio giocare all'aperto. Altrimenti sposti i banchi e le sedie lungo le pareti della classe e crei uno spazio più largo possibile, in modo che i bambini possano correre con una certa libertà.

> **MATERIALE:** cartoncini bianchi e spille con cui appuntare i cartoncini sulla maglia dei bambini.

Divida la classe in due squadre formate ciascuna da max. 10 bambini corrispondenti ai dieci colori già conosciuti (per l'attribuzione del colore, lo faccia scrivere ed eventualmente colorare su un cartoncino bianco e lo faccia appuntare sulla maglia dei bambini: i colori corrispondenti delle due squadre dovranno stare uno di fronte all'altro, cioè il rosso di fronte al rosso, il verde di fronte al verde e così via). Inizialmente faccia Lei il porta-bandiera cioè tenga in mano un fazzoletto che rappresenta la bandiera. Le due squadre staranno, ciascuna su una linea disegnata col gesso, una opposta all'altra e Lei al centro. Chiami il primo colore, ad esempio "ROSSO": i due bambini a cui si è attribuito il colore rosso dovranno correre verso la bandiera, afferrarla e riportarla alla squadra. Il bambino che non afferra la bandiera dovrà rincorrere il compagno che sta correndo indietro e toccarlo prima che raggiunga la linea su cui è posizionata la sua squadra. Se lo tocca prende un punto, altrimenti il punto va alla squadra avversaria. Vince chi totalizza 10 punti.

3 Il campionato dei ricordi: prima partita

Per riprendere sia il lessico appreso nella prima unità che la storia di Togo, si ripropone l'ascolto del dialogo (attività 9 - unità 1) in cui Togo incontra Bianca e Pietro, suoi futuri compagni di avventura. Cerchi di motivare sempre l'alunno porgendo domande guida per stimolare l'attenzione. In questo caso, prima di ascoltare, mostri le immagini del Suo libro (quello dei bambini deve rimanere chiuso) e ponga domande del tipo:
Che cosa domanda qui Togo? (indicando una parte del dialogo)
Che cosa risponde l'insegnante?
Chi dice " Buongiorno bambini?"
Chi chiede: "Come si chiama lei?"
e così via con le altre espressioni, che dovrà cercare di far comprendere con la gestualità laddove le parole risultassero poco comprensibili ai bambini.

Dia inizio al "campionato dei ricordi" (vedi introduzione) con un gioco in cui invita i bambini a riempire spazi vuoti di testo. Faccia una fotocopia del dialogo e cancelli con il bianchetto alcune parole, così come esemplificato qui di seguito (oppure faccia direttamente una fotocopia del dialogo sottostante):

Insegnante:	Buongiorno bambini.
Bambini:	_____ signora.
Insegnante:	Tu come ti _____ ?
Togo:	Mi _____ Togo.
Togo :	Come si _____ lui?
Insegnante:	_____ chiama Pietro.
Togo:	Come si chiama _____ ?
Insegnante:	Si chiama Bianca.
Togo	Ciao Pietro, _____ Bianca.
Pietro e Bianca:	Ciao Togo.

Divida la classe in squadre da 4 bambini ciascuna e inviti i bambini a riempire gli spazi vuoti senza guardare il libro.

Faccia ascoltare una o due volte il dialogo, quindi si faccia dare i fogli da controllare e scriva le risposte corrette alla lavagna. Assegni un punto a ogni risposta esatta. Al termine, come presunta verifica, faccia riascoltare il dialogo completo.

Al fine di fissare meglio il lessico e le strutture che vengono riviste attraverso il campionato dei ricordi, può incollare le risposte dei bambini su grandi cartelloni da appendere al muro, in modo da creare una cronistoria del campionato stesso, scrivendo in alto, ad esempio, PRIMA PARTITA. In tal modo, ricordando la partita, i bambini avranno sempre sotto gli occhi lessico e strutture importanti.

Per la prima partita dovrà aver già preparato a casa un altro cartellone: la classifica del campionato con un elenco dei nomi dei vari bambini e a fianco tante caselline da annerire a seconda dei punti ottenuti.

4 Ascoltiamo

STORIA: Togo inizia a prendere contatto con i nuovi amici e con gli oggetti della classe. In breve svela la sua identità di extraterrestre.

CLASSE MONOLINGUE: prima di avviare l'ascolto dell'attività 2 può chiedere ai bambini che cosa succede dopo l'incontro con Bianca e Pietro e invitarli a fare previsioni sulla storia. Può nuovamente annotare le diverse ipotesi dei bambini e in seguito verificarle man mano che la storia prosegue, ricordando loro le ipotesi avanzate ed eventualmente provando a utilizzare la storia con la loro idea.
Inviti i bambini a osservare le illustrazioni del nuovo dialogo dell'attività 2: chieda perché secondo loro Bianca guarda Togo in quel modo strano, gli chieda di osservare il titolo dell'unità e pensare di che cosa si tratta.

Testo del dialogo introduttivo alla canzone:

Togo:	Che cos'è?	
Bianca:	Che cos'è?	
Pietro:		Che cos'è? È una matita, ma... da dove vieni?

CLASSE MONOLINGUE: inviti i bambini a porre attenzione al tono usato da Pietro nel dialogo e li aiuti, dopo l'ascolto, a capire il tono ironico e il doppio senso della sua domanda "*Ma... da dove vieni?*".

4.1 Faccia ascoltare il dialogo almeno due volte per permettere ai bambini di comprendere ciò che succede guardando le illustrazioni. Mimi ed enfatizzi molto le domande e soprattutto dia bene l'idea dello stupore, in modo che i bambini possano capire il tono quasi ironico dell'espressione "*Ma... da dove vieni?*". Si riprende qui la struttura "*Da dove vieni?*", apparsa per la prima volta nella unità 1 e che verrà successivamente ripresa in altre attività.
Per spiegare "*Che cos'è?*" ponga la domanda più volte sollevando gli oggetti della classe che verranno introdotti con la canzone successiva, accentuando molto il tono interrogativo.
Dia naturalmente la risposta, in modo che i bambini anticipino già il lessico della canzone, ma non si soffermi troppo sulle parole, visto che andranno apprese attraverso appunto la canzone stessa.

Dopo gli ascolti del dialogo si passa direttamente all'ascolto della canzone.

5 Cantiamo

> **CLASSE MONOLINGUE:** inviti, come al solito, i bambini a fare previsioni riguardanti la risposta di Togo.

Testo della canzone:

Togo:	Io vengo da Blunasia,
	sono blunasiano,
	matita e temperino sono cose che mangiamo.
	Forbice e matite,
	panini con la gomma,
	un libro a colazione con la colla e una penna.
	Io mangio un quaderno,
	io mangio un righello,
	per dolce un pennarello.
Coro:	Ah che bello, ah che bello!!!

5.1 Faccia ascoltare l'intera canzone a libro chiuso, invitando i bambini a scandire il ritmo con il battito delle mani.

5.2 Proceda a un secondo ascolto mostrando uno a uno gli oggetti veri e propri (o le relative figurine illustrate) nel momento in cui vengono citati.

5.3 Durante i due successivi ascolti inviti i bambini a mostrare con Lei gli oggetti citati (è possibile che i bambini non abbiano tutti gli oggetti della canzone. In questo caso disponga i Suoi oggetti, o le relative figurine illustrate, nei vari punti della classe e inviti i bambini a indicarli mentre cantano). Ripeta in modo chiaro il nome degli oggetti (con il relativo articolo determinativo) nel momento in cui dispone le figurine illustrate nella classe.

5.4 Segue un ascolto strofa per strofa (a libro aperto) e relativa ripetizione da parte dei bambini.

5.5 Infine un ascolto completo durante il quale i bambini cantano insieme prendendo o indicando gli oggetti.

6 Giochiamo

MATERIALE: si procuri una borsa abbastanza grande da contenere gli oggetti della canzone.

CHE COSA MANCA?

6.1 Prenda gli oggetti e li ponga in una borsa, poi li estragga uno a uno dicendone il nome (non dimentichi di pronunciare i nomi con il relativo articolo determinativo). Ora disponga gli oggetti sul banco facendo dire il nome ai bambini e aiutandoli in caso di difficoltà. Scelga poi un bambino (o divida in gruppi) e lo inviti a chiudere gli occhi, (faccia comprendere con la mimica facciale le consegne "*chiudi e apri gli occhi*", anche se ormai i bambini dovrebbe aver imparato i comandi "*apri e chiudi*"), quindi nasconda nella borsa un oggetto e faccia infine riaprire gli occhi al bambino. Chieda "*Che cosa manca?*". Il bambino comprenderà che Lei ha nascosto l'oggetto e cercherà di ricordarne il nome: non si preoccupi perché se il bambino non se lo ricorda, ci sarà sicuramente qualcuno dei compagni che lo aiuterà. In questa fase non corregga troppo eventuali errori di pronuncia degli articoli determinativi: importante è che i bambini ora acquisiscano nuovo lessico.

6.2 Il gioco, dopo una prima fase comune e non competitiva, può essere effettuato "a eliminatorie". Si gioca a coppie o a piccoli gruppi. Il bambino o il gruppo che sbaglia o non ricorda l'oggetto entro dieci secondi viene eliminato (dapprima deve essere Lei a scandire il tempo ad alta voce indicando i numeri con le dita. Al fine di non far annoiare i bambini eliminati, faccia poi dire a loro i numeri, dando sempre il tempo con le dita). Quando rimane un gruppo più ristretto di bambini, o pochi gruppi, si possono nascondere due o più oggetti alla volta.

LINGUA DELLA CLASSE: il lessico relativo agli oggetti della classe permette sia una revisione di quanto appreso finora sia l'introduzione di nuovi elementi relativi alla vita scolastica. Disponga sulla cattedra o su un tavolo abbastanza grande gli oggetti della canzone, con alcuni fogli di carta su cui disegnare.
Chiami alternativamente uno alla volta poi in coppia i bambini con la frase "*Vieni \ venite alla cattedra*", poi dia indicazioni su quanto si deve fare con il materiale presentato.
Come inizio usi la forma "*Prendi\prendete la matita\il pennarello\la colla...*" (o un altro qualsiasi dei dieci oggetti citati nella canzone) e dica di svolgere un'azione, del tipo "*Disegna una casa, cancella la casa, colora la casa di rosso, fa' una riga sul foglio, incolla due fogli, scrivi il tuo nome, taglia questo foglio di carta, scrivi i numeri fino a dieci, disegna due bambini sul quaderno, cancella un bambino, colora i capelli di verde...*", e così via, con infinite altre combinazioni di frasi.
La prima parte del gioco può assumere un aspetto dimostrativo, dato che vi sono espressioni che i bambini ancora non conoscono, mentre il gioco stesso si può sviluppare in una seconda parte più veloce, dove Lei può chiamare i bambini alla cattedra, alla lavagna o farli lavorare direttamente dal loro posto impostando un ritmo costante così come consigliato per il gioco *Togo dice...*.

6\bis Giochiamo a mosca cieca
(attività supplementare o alternativa)

Se in base alla Sua metodologia ritiene più opportuno creare movimento all'interno della classe, quest'attività può essere utile al fine di memorizzare gli oggetti della classe.

PREREQUISITI: il bambino deve saper localizzare oggetti nello spazio prendendo come riferimento sia se stesso sia altre persone o altri oggetti. Deve saper comprendere correttamente i termini *"avanti, indietro, a destra, a sinistra"*. Deve inoltre saper effettuare spostamenti lungo percorsi che siano assegnati mediante istruzioni orali.

MATERIALE: un fazzoletto per bendare gli occhi al bambino.

DISPOSIZIONE DELLA CLASSE: bisogna disporre i banchi e le sedie in modo tale da creare un percorso lungo il quale guidare i bambini. Per variare il gioco, sarebbe necessario cambiare il tipo di percorso ogni volta che cambia il bambino. Un altro modo per tracciare il percorso può essere quello di creare uno spazio vuoto abbastanza ampio e disegnare con il gesso sul pavimento il tracciato da percorrere.

Il gioco consiste nel far indovinare a un bambino bendato un oggetto messo su un banco. Per raggiungere il banco e l'oggetto, il bambino deve seguire un percorso lungo il quale viene guidato prima da Lei poi dai compagni.
Per spiegare il gioco, mostri a tutta la classe dapprima come misurare la distanza tra il punto di partenza e il banco su cui si trova l'oggetto: misuri ad alta voce la distanza con i passi, dicendo, ad esempio, *"tre passi avanti, due passi a destra, tre passi a sinistra, due passi indietro"*. Ripeta il movimento e inviti i bambini a partecipare: dica, ad esempio, *"due passi…"* lasciando in sospeso la voce in modo che i bambini stessi dicano "…*avanti*", e così
via a seconda dei movimenti che andrà a effettuare. Concluda questa fase facendo parlare solamente i bambini. Dopo che i bambini hanno memorizzato cosa significano tali termini, mostri il gioco bendando un bambino e tenendolo per mano, in modo da compiere con lui il tragitto per arrivare all'oggetto. Successivamente si faccia sostituire da un bambino che terrà per mano il bambino bendato, mentre gli altri dovranno dare le indicazioni.

La funzione del bambino che accompagna è quella di far acquisire al bambino bendato fiducia nel compagno di fianco a lui e in quelli che danno indicazioni.

Una volta arrivati all'oggetto, il bambino non bendato chiede *"Che cos'è?"* e il bendato (dopo aver preso in mano l'oggetto) risponderà con la struttura *"È il\la ………….."*.
A turno i bambini si alternano nel gioco.

6\ter Giochiamo (attività supplementare o alternativa)

Per chi invece preferisce attività più "tranquille", proponiamo quanto segue:

I bambini giocano a coppie. Un bambino pensa a uno degli oggetti descritti nella canzone e lo scrive su un foglietto. L'altro deve indovinare l'oggetto con due tentativi. Al terzo il bambino che "pensa" può indicare l'iniziale dell'oggetto, in modo da agevolare il compagno. Come primo esempio, provi Lei con un bambino, cercando con gli occhi e con le mani di "trasmettere" la parola nella mente del bambino che gioca con Lei.

7 Ascoltiamo la filastrocca

PREREQUISITI: conoscere, nella propria lingua, i numeri fino a 20.

Testo della filastrocca:

Togo:	Ecco i miei amici numeri:
Togo:	Undici.
Coro:	Mangia una matita.
Togo:	Dodici.
Coro:	Mangia una penna.
Togo:	Tredici.
Coro:	Mangia un temperino.
Togo:	Quattordici.
Coro:	Mangia un righello.
Togo:	Quindici.
Coro:	Mangia un libro.
Togo:	Sedici.
Coro:	Mangia una forbice.
Togo:	Diciassette.
Coro:	Mangia un pennarello.
Togo:	Diciotto.
Coro:	Mangia una gomma.
Togo:	Diciannove.
Coro:	Mangia un quaderno.
Togo:	Venti.
Coro:	Mangia tanta colla.

7.1 Faccia ascoltare la filastrocca a libro chiuso e mimi i numeri che mangiano gli oggetti.

7.2 Prima del successivo ascolto disponga nella classe le figurine illustrate relative agli oggetti citati nella canzone e inviti i bambini a indicarli nel momento in cui li sentono citati nella filastrocca.

7.3 Inviti i bambini ad aprire il libro e faccia riascoltare la filastrocca seguendo immagini e testo.

7.4 Faccia ascoltare a blocchi la filastrocca e la faccia ripetere.

7.5 Si sostituisca a Togo e chiami i numeri, invitando i bambini a rispondere con la parte relativa al coro: Lei: "*Undici ...*" e i bambini: "*Mangia una matita*".

7.6 Divida la classe in due gruppi di cui uno interpreta Togo e l'altro il coro (i gruppi poi si scambiano i ruoli).

7.7 Se necessario, faccia ascoltare la cassetta alcune volte, poi provi a chiedere ai bambini "*Chi mangia una penna, una matita ecc.?*". Al fine di ripetere il pronome interrogativo "*chi*", lo riproponga, come esempio, inserito in strutture già conosciute, come nella domanda "*Chi è lui\lei?*".

8 Giochiamo

I bambini giocano a gruppi di quattro. Preparano con un foglio di carta dei bigliettini in cui scrivono i numeri da 1 a 20. A matita scrivono 6 numeri, sempre da 1 a 20, sulle tabelle del libro dello studente: in questo modo il gioco può essere ripetuto. Un bambino estrae da un sacchetto (o dopo averli sparsi sul banco) i biglietti con i numeri, mentre gli altri devono barrare gli eventuali numeri estratti. Faccia in modo che i bambini si alternino nell'estrazione dei numeri, cioè il primo che fa tombola ha diritto all'estrazione e così di seguito per i vincitori successivi.

8\bis Giochiamo (attività supplementare o alternativa)

MATERIALI: gli oggetti della classe citati nella filastrocca precedente, fogli, nastro adesivo o spille per appuntare fogli di carta, colori.

L'attività precedente permette la gestione di una classe piuttosto numerosa, mentre quest'attività può essere effettuata con un numero più ridotto di bambini.

Prima di iniziare il gioco faccia attribuire un colore a ciascun numero, chiedendo ai bambini: "*Undici, di che colore è?*" poi scriva alla lavagna "*undici giallo*" o qualsiasi altro colore detto dai bambini. Faccia poi scegliere a ognuno un numero e lo faccia disegnare su un foglio con il colore corrispondente. Infine faccia in modo che i bambini attacchino sul petto i numeri prescelti, con spille o nastro adesivo, così che appaia a tutti il numero che è stato scelto. A questo punto dia Lei l'esempio della drammatizzazione e chieda a un bambino "*Chi sei?*" oppure "*Come ti chiami?*" e il bambino dovrà rispondere "*Sono\mi chiamo undici rosso*". Lasci che i bambini girino liberamente per la classe e si pongano da soli le domande. Successivamente interpreti il ruolo di Togo nella filastrocca precedente e dica ad alta voce "*undici*". Chi avrà il numero undici dovrà ripetere "*mangia una matita*", mentre finge di mangiare una matita dopo esserla andata a prendere su un banco in cui sono esposti tutti gli oggetti citati nella filastrocca. Proceda allo stesso modo anche per gli altri oggetti.

9 Giochiamo con i numeri

PREREQUISITI: i bambini devono saper collegare parole a immagini.

Sulla pagina vi sono disegnati i numeri da 11 a 20 e in ordine sparso sono scritti i numeri in lettere.

Prima che i bambini inizino a colorare, chieda come esempio "*Undici, di che colore è?*". Poi lasci che i bambini si pongano le domande relative ai colori e ai numeri tra di loro a coppie.
I bambini collegano il numero scritto in lettere con l'immagine del numero scritto in cifra, usando il colore prevalente nel disegno del numero (così come si capisce dal numero undici, già colorato come esempio) e colorando anche le lettere del numero.

10 Scriviamo le parole

I bambini devono scrivere il nome dell'oggetto nell'apposito spazio numerato. Faccia dapprima ripetere oralmente il nome degli oggetti, mostrandoli, con la domanda "*Che cos'è?*", poi inviti i bambini a scrivere.

11 impariamo una filastrocca

Testo della filastrocca:

Bambino:	Per favore, mi dai una matita?
Coro:	Dammi cinque dita, dammi cinque dita!
Bambina:	Per favore, mi dai un righello?
Coro:	Apri il tuo ombrello, apri il tuo ombrello!
Bambino:	Per favore, mi dai una gomma?
Coro:	Muoviti insomma, muoviti insomma!
Bambina:	Per favore, mi dai la colla?
Coro:	Oop come una molla, oop come una molla!
Bambino:	Per favore, mi dai un temperino?
Coro:	Siediti bambina, siediti bambino!

11.1 Disponga, sparse nella classe, le figurine illustrate così come già fatto per l'attività 7. Durante il primo ascolto, a libro chiuso, faccia individuare e indicare gli oggetti citati nella canzone.

11.2 Per il secondo ascolto, girando tra i banchi e parlando direttamente a un bambino, mimi i movimenti descritti nelle diverse battute in modo da aiutare i bambini a comprenderne il significato. Sarebbe opportuno mettere matita, righello, ecc. ognuno su un banco diverso, in modo da poter prendere in mano l'oggetto citato e rivolgersi automaticamente al bambino che occupa tale banco.

11.3 Successivamente faccia aprire il libro con il testo della filastrocca e proceda a un ulteriore ascolto: fermi il registratore dopo ogni strofa, invitando i bambini ad alzarsi per poter mimare e ripetere le diverse strofe.

11.4 Divida poi la classe in cinque gruppi, quante sono le strofe, e chieda a ogni gruppo di provare a ripetere e mimare ogni strofa senza l'aiuto del registratore, ma scandendo il ritmo o con il battito delle mani o schioccando le dita.

I bambini memorizzeranno la struttura "*Per favore, mi dai...*" che utilizzeranno attivamente nel gioco dell'attività 13.

12 Che cos'è?

PREREQUISITI: i bambini devono saper identificare un oggetto dal suono o dal rumore prodotto dallo stesso.

Si tratta di un'attività non fine a se stessa, ma di preparazione all'attività successiva, nella quale i bambini dovranno utilizzare l'espressione "*Per favore mi dai...?*"

12.1 In questo gioco i bambini devono prestare attenzione al suono causato dall'oggetto che viene fatto cadere. Porti un tavolo alle spalle dei bambini e faccia chiudere loro gli occhi. Faccia poi cadere un oggetto sul tavolo, chiedendo "*Che cos'è?*". Dopo una fase dimostrativa i bambini devono indovinare e scrivere su un foglio o sul quaderno che cos'è l'oggetto caduto.

12.2 Dopo aver fatto cadere tutti gli oggetti scriva alla lavagna i nomi degli stessi, invitando i bambini a controllare se ciò che hanno scritto è corretto.

13 Giochiamo

MATERIALI: 6 oggetti a scelta, tra quelli della classe citati nella filastrocca corrispondente.

DISPOSIZIONE DELLA CLASSE: i bambini giocano a coppie, per cui è necessario che si seggano di spalle con davanti ciascuno il proprio banco.

Per far utilizzare attivamente la struttura "*Per favore mi dai...?*" i bambini giocano a coppie interagendo con l'uso dell'espressione citata.
I due bambini sono seduti di spalle con davanti ognuno il proprio banco. Ciascuno ha 6 oggetti: il primo bambino fa cadere un oggetto sul proprio banco. L'altro deve indovinare di quale oggetto si tratta e farselo dare con la frase: "*Per favore mi dai.....?*". La risposta è: "*Sì, prendi*" oppure "*No, mi dispiace*" a seconda che l'oggetto sia stato indovinato o meno. Quando uno sbaglia oggetto o sbaglia la formula di richiesta, la risposta passa la mano all'altro. Vince chi indovina consecutivamente tutti gli oggetti del compagno.

Faccia una dimostrazione, poi faccia giocare i bambini in coppia (faccia osservare i disegni sul libro).

14 Ascoltiamo e scopriamo la parola giusta

PREREQUISITI: saper operare un confronto tra messaggi orali e illustrazioni.

MATERIALE: forbici e colla.

14.1 Inviti i bambini a osservare le 4 immagini del testo e a leggere ciò che viene detto dai diversi personaggi.

14.2 Passi poi all'ascolto di tutti i dialoghi della cassetta e chieda ai bambini di seguire le immagini: i bambini si accorgeranno che ciò che ascoltano non corrisponde a ciò che dicono i personaggi nelle illustrazioni.

14.3 Provi a far di nuovo ascoltare i dialoghi battuta per battuta e inviti i bambini a correggere la frase del libro e a riscrivere la frase corretta nelle nuvolette bianche che si trovano nella pagina V allegata.

14.4 Infine rifaccia ascoltare tutte le battute, faccia lavorare i bambini a coppie invitando ognuno a leggere ciò che ha scritto il compagno.

14.5 Da ultimo faccia tagliare le nuvolette corrette e incollarle al posto di quelle errate.

14.6 Per una verifica finale, faccia leggere a coppie i dialoghi corretti.

Testo della cassetta:

Togo a Bianca:	Per favore mi dai un righello?
Pietro:	Chi è il numero tredici?
Bianca:	È Togo.
Matita:	Buongiorno, io sono una matita, tu chi sei?
Gomma:	Io sono una gomma.
Togo:	Di che colore è?
Pietro:	È rossa.

15 Troviamo e scriviamo le parole

PREREQUISITI: i bambini devono sapere compilare un elenco desumendo prima i dati da uno schema.

I bambini dovranno prima cerchiare le parole che trovano, quindi scriverle negli spazi appositi. La parola TREDICI serve da esempio, in modo che l'attività possa essere compresa intuitivamente.

RIGA 1:	V	B	T	R	E	D	I	C	I	S	A	B
RIGA 2:	D	I	D	U	E	C	D	F	O	H	Y	V
RIGA 3:	A	R	F	I	V	O	P	E	N	N	A	C
RIGA 4:	C	E	P	U	N	D	I	C	I	O	T	F
RIGA 5:	P	E	R	T	E	M	P	E	R	I	N	O
RIGA 6:	C	A	L	I	G	O	M	M	A	N	O	R
RIGA 7:	O	D	O	D	I	C	I	D	E	S	C
RIGA 8:	P	O	M	R	I	T	O	V	E	N	T	I
RIGA 9:	Q	U	A	T	T	O	R	D	I	C	I	D
RIGA 10:	R	T	U	D	I	D	I	E	C	I	D	E

RIGA 1:	TREDICI		RIGA 6:	GOMMA
RIGA 2:	DUE		RIGA 7:	DODICI
RIGA 3:	PENNA		RIGA 8:	VENTI
RIGA 4:	UNDICI		RIGA 9:	QUATTORDICI
RIGA 5:	TEMPERINO		RIGA 10:	DIECI

16 il dizionario illustrato

MATERIALE : colla, forbici.

Quest'attività può essere utilizzata come revisione del lessico sia alla fine di questa unità sia all'inizio della successiva. Può anche essere utilizzata in un momento in cui si ha poco tempo o non c'è tempo necessario per introdurre elementi lessicali o strutturali nuovi. Come detto nell'introduzione, si lascia alla Sua discrezione la scelta del momento in cui effettuare le attività legate al dizionario illustrato.

Dopo aver completato i disegni alla pagina VI degli allegati, i bambini li ritagliano e li incollano nel loro dizionario illustrato, alla voce I NUMERI.

LINGUA DELLA CLASSE: se lo ritiene opportuno, alla fine di questa unità può eseguire nuovamente un gioco (*Togo dice...*) in cui si ripetono le strutture apprese nelle prime due unità. Per Sua comodità, riportiamo quanto di nuovo introdotto in questa seconda unità:

Unità 2
Ripeti \ ripetete
Bravo, hai vinto, adesso tocca a te
Prendi \ prendete la matita, ecc.
Disegna \ disegnate
Cancella \ cancellate
Fa' una riga \ fate una riga

UNITA' 3 CASA DOLCE CASA

FUNZIONI		GRAMMATICA	LESSICO	ABILITÀ TRASVERSALI
Chiedere e dare informazioni sui membri della famiglia.	Chi è? E' mia mamma. Loro sono mio nonno e mia nonna.	La III° persona plurale del verbo *essere*.	I membri della famiglia: la mamma, la sorella, la nonna, la zia, la cugina, il papà, il fratello, il nonno, lo zio, il cugino.	- formulare ipotesi, fare previsioni e verificarle, - ascoltare e comprendere attraverso il registratore e l'immagine, - ripetere canzoni e filastrocche, - memorizzare, - utilizzare il linguaggio sonoro e mimico, - drammatizzare, - collegare parole a immagini, - associare i suoni agli oggetti, - classificare in base al genere al suono, e a una caratteristica comune - tagliare e incollare, - operare inferenze.
Esprimere il possesso (relativamente ai membri della famiglia).	Mia mamma, mio papà, ecc.	I possessivi: *mio, mia, tuo, tua*. Verbo *stare*. (I°, II° e III° persona singolare).		
Chiedere e dare informazioni riguardo alla condizione fisica e allo stato d'animo.	Come stai? Come sta? Sto/a bene, male, così così, non lo so. Bene, grazie, e tu?	La preposizione *di*.	Avverbi usati per esprimere la condizione fisica e lo stato d'animo: benissimo, molto bene, bene, così così, male, malissimo. La casa. La famiglia. La polvere. La maschera.	
Rispondere in modo negativo.	Non lo so.			
Espressioni tipiche attinenti alle regole di un gioco.	Adesso tocca a me.			

1 Il campionato dei ricordi: seconda partita

LINGUA DELLA CLASSE: dovendo distribuire fotocopie ai bambini, può farsi aiutare da uno o due di loro (si ricordi di ruotare i compiti) con la consegna "*distribuisci* o *distribuite i fogli ai tuoi \ vostri compagni*". Allo stesso modo può farsi aiutare nel ritirare i fogli: "*ritira o ritirate i fogli*".

Faccia riascoltare il dialogo dell'attività 2 e la successiva canzone dell'attività 3 dell'unità 2. Prima dell'ascolto distribuisca una fotocopia della canzone così come riportato nel modello (fotocopiabile) sottostante. Non si tratta della canzone completa, ma di una versione nella quale sono state tolte alcune parole ("*cos'è, matita, gomma, colla, quaderno, pennarello*"). Divida la classe in gruppi da 4 e faccia scrivere sul foglio le parole mancanti. Come verifica per i bambini faccia ascoltare una o due volte il dialogo e la canzone, invitando i bambini a controllare quanto hanno scritto. Essendo una partita, ufficializzi l'attività ritirando i foglietti e controllando le risposte: assegni un punto a ogni risposta esatta.
Al termine può far riascoltare la versione completa, invitando tutti a cantare.
Appenda poi i foglietti sul cartellone riassuntivo, scrivendo, come titolo, SECONDA PARTITA.

LINGUA DELLA CLASSE: dato che i bambini già conoscono il funzionamento del campionato dei ricordi, può far incollare loro i fogli sul cartellone riassuntivo, introducendo così i verbi "*attacca \ attaccate*" il foglio al muro (oltre a poter anche ripetere "*incolla \ incollate*").

Modello:

Togo:	Che cos'è?
Bianca:	Che _____ _____ ?
Pietro:	Che cos'è? E' una matita, ma .... da dove vieni?
Togo:	Io vengo da Blunasia,
	sono blunasiano,
	_____ e temperino sono cose che mangiamo.
	Forbice e matite,
	panini con la _____,
	un libro a colazione con la _____ e una penna.
	Io mangio un _____,
	io mangio un righello
	per dolce un _____.
Coro:	Ah che bello, ah che bello!!

LINGUA DELLA CLASSE: al fine di ripetere sia le strutture della lingua della classe, sia il lessico relativo agli oggetti della classe, può giocare nuovamente a *Togo dice...*.
Si tratta di una Sua libera scelta, dato che anche l'attività 2 prevede la ripetizione (con scrittura) dello stesso lessico.

2 Il dizionario illustrato

2.1 Faccia prima completare l'immagine nel libro dello studente, poi vada alla pagina VII allegata.

2.2 I bambini devono seguire le indicazioni date dalle didascalie e colorare le immagini.

2.3 I bambini tagliano le figurine e le incollano nel dizionario illustrato negli appositi spazi del capitolo "La classe".

Da notare che alla pagina VII degli allegati c'è anche l'immagine completa del gesso, un oggetto che non è stato inserito nella canzone dell'unità 2 e che qui viene riportato perché essenziale in questo campo lessicale.

3 Ascoltiamo

STORIA: Togo viene invitato a casa di Pietro, che compie gli anni. Qui Togo conosce tutta la famiglia di Pietro (da notare che Bianca è la cugina di Pietro). Nella prima immagine del libro dello studente compare Pietro che tiene per mano Togo: è questo il momento per elicitare la storia e chiedere ai bambini cosa faranno i due personaggi. Togo tirerà fuori la polvere magica, presenterà la sua famiglia e sentirà nostalgia di casa.

CLASSE MONOLINGUE: chieda ai bambini che cosa faranno, secondo loro, i due personaggi.

Dialogo introduttivo alla canzone:

Pietro:	Vieni a casa mia. C'è la mia famiglia. Mia mamma si chiama Gabriella. E la tua?

Prima di ascoltare ricordi che è sempre opportuno far osservare i disegni in modo che i bambini possano già intuire di che cosa tratta il dialogo.

Chieda indicando sul libro chi sono i vari personaggi? "*Chi è?*" (Togo), (Pietro), (la mamma), qualcuno saprà dire "*mamma*" o "*papà*".

3.1 Faccia ascoltare le parole di Pietro seguendole sul libro, poi chieda *"Come si chiama la mamma di Pietro?"*

3.2 Faccia ascoltare quindi il dialogo frase per frase, accentuando molto l'enfasi sui possessivi. Cerchi di verificare se i bambini hanno capito ciò che dice Pietro, poi chieda loro *"Come si chiama la mamma di Togo?"* e li inviti a proporre dei nomi.

CLASSE MONOLINGUE: chieda ai bambini di proporre dei nomi relativi alla mamma di Togo e al resto dei suoi famigliari, chiedendo anche come saranno fisicamente. Questa fase è importante perché serve a creare aspettativa e a introdurre la canzone che segue.

4 Cantiamo una canzone

Testo della canzone:

Togo:	Mia mamma si chiama Mariposa, ha i capelli rosa, ha i capelli rosa.
	Mio papà si chiama Marabù, ha i capelli blu, ha i capelli blu.
	Mia mamma e mio papà,
	che bei colori, che bei colori,
	mia mamma e mio papà,
	che bei colori.
	Mia sorella si chiama Caracola, ha i capelli viola, ha i capelli viola.
	Mio fratello si chiama Pettirosso ha un occhio rosso, ha un occhio rosso.
	Mia sorella e mio fratello,
	che bei colori, che bei colori,
	mia sorella e mio fratello,
	che bei colori.
	Mio nonno si chiama Cantagallo, ha un occhio giallo, ha un occhio giallo.
	Mia nonna si chiama Calaverde, ha un occhio verde, ha un occhio verde.
	La mia famiglia è questa,
	che bei colori, che bei colori,
	la mia famiglia è questa,
	che bei colori.

4.1 Faccia ascoltare l'intera canzone la prima volta con il libro chiuso e mimi le parole evidenziando soprattutto l'aggettivo possessivo (*"mio, mia"*), i capelli e l'occhio.

4.2 Prima di passare al secondo ascolto faccia aprire il libro e faccia osservare le immagini: indichi le caratteristiche dei vari personaggi e chieda: *"Di che colore è l'occhio\i capelli di......"*. Faccia ascoltare la cassetta (ancora a libro chiuso) e indichi con il Suo libro i personaggi di volta in volta citati.

4.3 In un successivo ascolto, a libro aperto, canti le strofe e faccia cantare ai bambini il ritornello "*mia mamma e mio papà, che bei colori, che bei colori*"; e così via per gli altri ritornelli.

4.4 Infine faccia ascoltare e ripetere la canzone a strofe, bloccando il registratore a ogni singola strofa.

4.5 Ultimo ascolto completo, cantato e mimato da tutti.

5 Coloriamo e scriviamo

Faccia completare le didascalie e colorare le parti in bianco, così come descritto nella canzone.

6 Ascoltiamo

LA POLVERE DI TOGO (è un sottotitolo che serve ai bambini per capire il significato della polvere magica, soprattutto nel caso di una classe non monolingue).

STORIA: il dialogo tra Togo e Pietro riprende, con quest'ultimo che chiede informazioni sulla polvere usata da Togo.	

Pietro:	Scusa, che cos'è?
Togo:	Ssst, è la mia polvere magica, è un gran segreto.

CLASSE MONOLINGUE: può chiedere ai bambini il significato della polvere e che cosa secondo loro può fare. Come già ripetuto in altre pagine, annoti le supposizioni dei bambini, poi le verifichi nel momento in cui la polvere entrerà in azione.

Sarebbe necessario interrompere il registratore e ragionare sulla polvere magica. È sufficiente che i bambini comprendano le parole "*polvere*" e "*segreto*".

Il dialogo prosegue:

Pietro:	Ecco la mia casa!

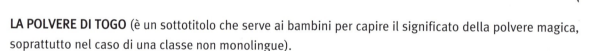

Chieda ai bambini, prima di ascoltare la descrizione che fa Pietro, chi sono i personaggi dietro le finestre. Può usare la domanda "*Chi è?*"

Prosecuzione del dialogo:

Pietro:	Ecco la mia famiglia.
Togo:	Lei chi è?
Pietro:	È mia mamma Gabriella.
Mamma:	Ciao Togo.
Togo:	Buongiorno signora.
Togo:	E lui chi è?
Pietro:	È mio papà Giorgio.
	Lei è mia sorella Giovanna e lui è mio fratello Vincenzo.
Vincenzo e Giovanna:	Ciao.
Togo:	Ciao.
Pietro:	Loro sono mio nonno Gino e mia nonna Renata.

6.1 Faccia ascoltare il dialogo una prima volta chiedendo prima *"Chi è Gabriella, chi è Giorgio, ecc.?"* e così via con gli altri membri della famiglia. Dia come esempio una prima risposta, cioè alla domanda *"Chi è Gabriella?"* risponda. *"È la mamma di Pietro"*. Ripeta le domande dopo che i bambini avranno ascoltato il dialogo.

6.2 Per un successivo ascolto a libro chiuso, al fine di approfondire la comprensione senza dare l'idea di ripetere le stesse richieste, può porre le domande in modo diverso, cioè chieda *"Come si chiama la mamma di Pietro? E il papà?"*, e così di seguito con gli altri membri della famiglia.

6.3 Faccia ascoltare il dialogo, tenendo il libro aperto e mimando i pronomi personali e gli aggettivi possessivi. Verifichi assieme ai bambini le risposte date alle domande precedenti, ponendo domande simili ma permettendo di osservare e leggere il dialogo.

7 Scriviamo

PREREQUISITI: i bambini devono conoscere nella loro lingua i diversi gradi di parentela.

Faccia completare l'albero genealogico.

8 Prepariamo una maschera

Materiale occorrente: spago o elastico o nastro, colori, forbici e colla, cartoncino rigido.

I bambini devono disegnare la maschera (pagina VIII degli allegati), dando forma a un viso di una persona, a cui attribuiranno un nome a scelta tra quelli della famiglia di Pietro o di Togo. Dopo il disegno ritagliano la maschera e la incollano su un cartoncino rigido, ai cui lati devono essere praticati due fori attraverso i quali passano lo spago, l'elastico o il nastro, che fissano la maschera al viso dei bambini. Sono necessari anche due fori per gli occhi.

Si tratta di un'attività manuale necessaria per l'attività successiva, quindi è necessario che Lei si inserisca in quest'attività al fine di farle assumere una connotazione "linguistica". Può, ad esempio, iniziare tagliando una Sua maschera e dicendo "io sono Mariposa, ho i capelli rosa e un occhio blu. Tu (si rivolga a un bambino) chi sei? Sei Giorgio, sei Cantagallo ... chi sei? Hai i capelli rossi, un occhio verde, come sei?". Prosegua con questo tipo di domande mentre i bambini stanno completando la maschera. In questo modo darà anche lo spunto per la conversazione prevista nell'attività successiva.

LINGUA DELLA CLASSE: la preparazione della maschera è anche un'occasione per esercitare nuovamente alcuni elementi della lingua della classe, come *"taglia, disegna, colora, incolla, fa' un foro (questo non è mai stato detto prima), ecc."*

Terminate le maschere si passa all'attività 9.

9 Giochiamo

Faccia indossare le maschere ai bambini e chieda a uno, come esempio: *"Chi sei? Hai un occhio giallo, sei forse Cantagallo?"* o una domande simile a seconda della caratteristica della maschera creata dal bambino. Inviti poi il bambino a cercare gli altri membri della famiglia, dicendogli *"Trova tuo fratello, sorella, papà, ecc."*

Le Sue parole e le immagini sul libro dello studente servono da esempio, ma l'attività deve essere impostata in modo che i bambini provino a dialogare liberamente sulla base di quello che hanno appreso finora. Si tratta qui di un primo tentativo di role-taking, forse un po' difficile in questa fase del corso. Se nota che i bambini sono ancora in quella "fase di silenzio" caratteristica del primo approccio alla lingua straniera, cerchi di guidarli e stimolarli con domande guida del tipo: *"Ciao, tu chi sei? / Come ti chiami?"*, *"E lui è tuo fratello/è lei tua sorella?"* e altre domande del genere, usando strutture già conosciute dai bambini stessi.

Durante questa conversazione giri tra i bambini e ascolti quello che dicono, continuando a porre domande di stimolo e, allo stesso tempo, di verifica.

10 impariamo una filastrocca

STORIA: i genitori di Pietro chiedendo a Togo come sta e, sentendo il suo tono dimesso, si accorgono che lui ha nostalgia di casa!

CLASSE MONOLINGUE: chieda ai bambini a cosa sta pensando Togo e, secondo loro, come sta.

Testo della filastrocca

Gabriella:	Togo, come stai?
Coro:	Come stai, come stai?
Togo:	Io sto così così, perché mia mamma non è qui.
Coro:	Come stai, come stai?
Togo:	Io sto bene, io sto bene, quando salto le catene
Coro:	Come stai, come stai?
Togo:	Io sto male, io sto male, quando vado all'ospedale
Coro:	Come stai, come stai?
Togo:	Non lo so, non lo so. Sto benissimo, sto malissimo, non lo so, non lo so!

CLASSE MONOLINGUE: dopo le attività relative alla comprensione e ripetizione della filastrocca, chieda ai bambini perché Togo risponde *"non lo so, non lo so, sto benissimo, sto malissimo, non lo so, non lo so"*. Una motivazione potrebbe essere il fatto che è arrabbiato a causa della lontananza da casa e non vuole più rispondere alle domande degli altri. Provi a chiedere ai bambini di mettersi nei panni di Togo.

10.1 Prima di ascoltare la filastrocca faccia osservare bene le immagini che rappresentano i diversi stati d'animo di Togo, in modo che i bambini immaginino il più possibile cosa verrà detto nella filastrocca stessa.

10.2 Faccia ascoltare poi la filastrocca a libro chiuso e mimi il più possibile le parole. Nel frattempo inviti i bambini a ripetere in coro la domanda *"Come stai, come stai?"*.

10.3 Dopo un ascolto a libro aperto faccia ripetere la filastrocca strofa per strofa, interrompendo il registratore. Inviti i bambini a mimare le parole e soprattutto gli stati d'animo di Togo.

10.4 Alla fine faccia ripetere e mimare l'intera filastrocca (i bambini possono anche leggere le parole sul testo).

11 Come sta Togo?

PREREQUISITI: i bambini devono saper collegare parole a immagini. Devono inoltre saper leggere e interpretare un'immagine.

Attività di collegamento parola e immagine e decodificazione delle espressioni "*bene, male, così così, benissimo, malissimo*".

LINGUA DELLA CLASSE: questa attività permette di introdurre la frase "*collega \ collegate le parole al disegno*" e la frase "*copia \ copiate le frasi nei puntini*".

11.1 Prima di iniziare l'attività faccia osservare le immagini di Togo e chieda oralmente ai bambini "*Come sta Togo?*" indicando di volta in volta i diversi disegni.

11.2 I bambini devono unire le frasi alle immagini di Togo e scrivere le stesse frasi nei puntini che si trovano sotto le immagini.

12 Giochiamo

Alcuni bambini drammatizzano diverse espressioni di stati d'animo, sotto Suo suggerimento (suggerisca l'espressione all'orecchio del bambino), mentre gli altri devono indovinare.
Dapprima è Lei che chiede "*Come sta?*" in riferimento a chi mima e "*E tu come stai?*" rivolto a chi risponde, che a sua volta dovrà ulteriormente rispondere con la struttura "*Sto...*".
Poi sono i bambini stessi che giocano autonomamente, anche a piccoli gruppi, scambiando i ruoli.

13 Ascoltiamo

CLASSE MONOLINGUE: faccia prevedere ai bambini il motivo per cui Pietro telefona a Bianca.

STORIA: è il compleanno di Pietro, per cui si stanno facendo gli inviti, data anche l'occasione speciale della presenza di Togo.

Pietro:	Telefoniamo a mia cugina! Il numero è 0521-257156.

Il dialogo tra Pietro e Bianca è rappresentato nell'altra pagina: fate ascoltare il dialogo senza attirare l'attenzione sui disegni dell'altra pagina, in modo che i bambini indovinino con chi sta parlando Pietro senza guardare i disegni.

Dialogo:

Bianca:	Pronto?
Pietro:	Pronto! Ciao, come stai?
Bianca:	Bene e tu?
Pietro:	Bene grazie! Vieni a casa mia: c'è Togo!
Bianca:	Sì, vengo con mia mamma, mio papà e mio fratello.
Pietro:	Uauuh! Lo zio Antonio e la zia Sonia con mio cugino Stefano.

13.1 Prima di ascoltare il dialogo, chieda ai bambini: "*Chi è la cugina di Pietro?*". Nel caso non riconoscessero la voce, faccia riascoltare un dialogo precedente, in cui si senta la voce di Bianca, quindi rifaccia ascoltare immediatamente il dialogo attuale.

13.2 Proceda a un ulteriore ascolto a libro chiuso, ponendo prima domande del tipo "*Chi è Antonio?*", "*Chi è Sonia?*", "*Come si chiama la mamma di Bianca?*", "*Come si chiama il papà di Bianca?*", "*Come si chiama la zia/lo zio di Pietro?*" ecc

13.3 Un ulteriore ascolto a libro aperto permette di verificare ciò che hanno risposto i bambini.

14 Completiamo la famiglia

Sulla pagina si ha lo stesso albero genealogico delle famiglia di Pietro incontrato in precedenza, il quale è però ampliato con i personaggi nuovi introdotti dal dialogo: i bambini dovranno scrivere il grado di parentela e il nome del personaggio.

15 Giochiamo a..."famiglia"!

PREREQUISITI: saper classificare in gruppi dello stesso genere (stesso grado di parentela).

MATERIALE OCCORRENTE: forbici, colla, cartoncini.

Faccia completare le carte da gioco delle pagine IX, X e XI allegate.

I bambini colorano i capelli così come indicato sulla didascalia della carta (*mamma rossa, cugino verde, ecc.*) poi tagliano le immagini e le incollano su cartoncini della stessa dimensione, in precedenza preparati dai bambini stessi: per velocizzare l'attività in classe potrebbe far preparare i cartoncini a casa, in modo che si possa giungere più rapidamente all'attività linguistica.

Il gioco:

Si gioca in gruppi di quattro e ogni bambino deve possedere dieci carte.
Scopo del gioco: vince chi riesce a formare il maggior numero di gruppi (famiglie) dello stesso genere (mamme, papà, ecc.) .
Si mescolano e si danno le carte: inizia a giocare il bambino che possiede "*la mamma rossa*". Le formule per le domande sono quelle indicate nel disegno e dovranno essere lette dopo aver preparato le carte, prima di iniziare il gioco. Il bambino che inizia chiede a un compagno "*Per favore, mi dai una mamma verde?*" e questi risponde "*Sì, prendi*" se ha la carta (il bambino che chiede deve necessariamente rispondere "*grazie*") oppure "*No, mi dispiace, adesso tocca a me*" nel caso non possegga la carta richiesta. A questo punto sta a lui richiedere le carte ai compagni. Siate rigorosi nel far rispondere con le frasi corrette, dato che queste sono le regole del gioco (altrimenti si farebbero usare ai bambini delle frasi in modo innaturale in un contesto ludico). Come accennato, vince chi riesce a formare il maggior numero di "famiglie" di 4 personaggi (le 4 mamme, i 4 papà, i 4 cugini, ecc.)

LINGUA DELLA CLASSE: come elemento riassuntivo di questa terza unità, riportiamo le frasi e le espressioni che sono state evidenziate nei riquadri relativi alla lingua della classe:

Unità 3
Distribuisci \ distribuite i fogli ai tuoi \ vostri compagni
Ritira \ ritirate i fogli
Attacca \ attaccate il foglio sul cartellone
Fa' \ fate un foro
Collega \ collegate le parole al disegno
Copia \ copiate le frasi nei puntini.

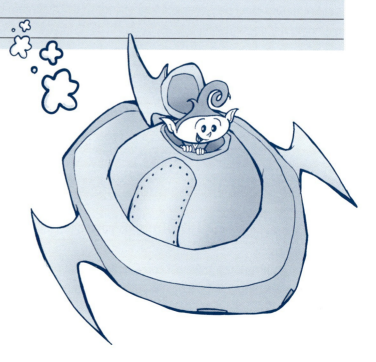

COPPA DEI CAMPIONI: 1

È la prima parte della *Coppa dei Campioni* (v. introduzione), durante la quale si verificano il lessico e le strutture apprese nelle 3 precedenti unità.

1 Ascoltiamo e scriviamo
Che cosa non va bene?

PREREQUISITI: sapere classificare in base al genere e al suono.

Si tratta di un'attività propedeutica alle attività successive, dove è necessario che i bambini abbiano già chiari i campi lessicali che verranno loro richiesti.

Formi le prime squadre di quattro membri ciascuna e faccia vedere il libro ai bambini facendo loro capire, con la mimica, il significato di *"Che cosa non va bene?"*. Una volta chiarito che è *"matita"* la parola che non va bene, faccia ascoltare gli elenchi della cassetta e provi a chiedere *"Che cosa non va bene?"*, accentuando la mimica sulla negazione *"non"*.
A questo punto ripeta l'ascolto delle parole elencate e faccia scrivere su un foglio la parola che non c'entra:

matita, penna, dieci, temperino
rosso, blu, gomma, arancione
mamma, papà, fratello, tre
Togo, Bianca, quaderno, Pietro
otto, dieci, tredici, zio

Può continuare con altre liste create sul modello di quelle indicate.
Al termine dell'ascolto si faccia consegnare i fogli e assegni un punto per ogni risposta esatta.

2 Troviamo la palla

MATERIALI: Un cartellone grande su cui riportare il disegno delle palle e delle ceste del libro dello studente. Sarebbe necessario che il cartellone, con già le risposte scritte, fosse pronto prima dell'inizio della partita.

PREREQUISITI: saper classificare formando insiemi di oggetti secondo una caratteristica comune.

Divida la classe in squadre di 4 bambini. Per questa partita conceda un massimo di 20 minuti e la squadra che consegnerà per prima tutte le risposte esatte riceverà un bonus di 10 punti, mentre la seconda ne avrà 5 e la terza 2. Se vi sono errori nelle risposte consegnate prima dello scadere del tempo, non viene assegnato nessun bonus. Ogni squadra scrive, a matita, sul libro di un bambino eletto come capo-squadra. Successivamente, in fase di verifica dell'attività, tutti gli altri completeranno il proprio libro copiando ciò che viene scritto alla lavagna.

I bambini devono suddividere le palle nei relativi cesti, cioè devono scrivere le parole e comporre le 4 diverse aree lessicali.

Allo scadere dei 20 minuti verifichi le risposte delle squadre e assegni i punti, mostri il cartellone con le risposte corrette e le faccia copiare ai bambini sui loro libri.

3 Giochiamo in coppia

MATERIALI: palle da tennis o simili. Nel caso in cui non ci fossero palle a disposizione, i bambini le possono costruire con dei fogli di carta.

PREREQUISITI: saper classificare formando insiemi di oggetti secondo una caratteristica comune.

E' un gioco a eliminatorie, dove i bambini giocano in coppia, con un terzo bambino che funge da arbitro. Dopo la prima fase eliminatoria i bambini che hanno perso possono fare gli arbitri per quelli che in precedenza avevano svolta questa funzione.
I bambini, in coppia, si posizionano uno di fronte all'altro, con l'arbitro di fianco. Il primo che inizia sceglie una parola appartenente a un campo lessicale, lancia la palla al bambino che sta di fronte e questo deve rispondere con un'altra parola dello stesso campo lessicale. Si hanno 5 secondi di tempo per dire la parola. I due bambini si lanciano la palla finché uno non sbaglia o non ricorda più le parole. La funzione dell'arbitro e quella di scandire il tempo e eventualmente controllare l'esattezza delle parole (il cui elenco è visibile, per l'arbitro, nel cartellone dell'attività precedente).

Alla fine del gioco si avranno due semifinali e una finale. Al primo classificato vanno 8 punti, al secondo 4 punti e ai due ultimi eliminati 2 punti.

4 La rana e il fiume

MATERIALE OCCORRENTE: fogli bianchi, forbici, colla.

Gioco della rana e del fiume per fare un riepilogo delle strutture.

Suddivida la classe in squadre di quattro.
Dapprima esegua il gioco indicato sul libro di testo. I bambini devono riordinare correttamente la frase, in modo da poter attraversare il fiume e raggiungere il regalo che c'è sull'altra sponda.

Successivamente inviti i bambini ad andare alle pagine XII e XIII degli allegati, dove incontreranno una serie di sassi da ritagliare e da incollare nell'ordine corretto.

Faccia incollare tutti i sassi (frasi) su dei fogli quindi si faccia consegnare i lavori, attribuendo come al solito un punto a ogni risposta esatta. Faccia una croce di fianco alle frasi errate, poi scriva alla lavagna tutte le risposte corrette, in modo che i bambini verifichino dove hanno sbagliato.
Nel caso avesse poco tempo a disposizione può semplicemente fare scrivere le frasi su un foglio, senza far tagliare e incollare le pietre. Quindi si faccia consegnare quanto scritto e riscriva le forme corrette alla lavagna.

La seconda fase dell'attività può essere svolta individualmente dai bambini e consiste nel collegare le frasi (due a due) che possono stare insieme. Dia l'esempio con la prima *"Che cos'è? È una penna"*. I bambini devono tagliare le frasi e rincollarle su un altro foglio nell'ordine corretto (in caso di mancanza di tempo si ricorda quanto detto nel paragrafo precedente).
Per questa attività conceda 15 minuti di tempo e alla fine del lavoro si faccia consegnare i nuovi fogli, assegni un punto a ogni domanda e risposta esatte. Il primo che consegna il lavoro tutto corretto prima dello scadere dei 15 minuti avrà diritto a un bonus di 8 punti, il secondo 6, il terzo 4 e il quarto 2. Nel caso di errori riscontrati nei lavori consegnati prima dello scadere del tempo, non si ha diritto a nessun bonus.

Riportiamo qui le frasi mescolate e quelle corrette, nell'ordine finale. Nell'allegato del libro dello studente le frasi hanno chiaramente un ordine sparso.

è, ?, cos', che	Che cos'è?
penna, una, è	È una penna.
stai ?, come	Come stai?
grazie, e, bene, tu, ?	Bene grazie, e tu?
ti, ?, chiami, come	Come ti chiami?
Pietro, mi, chiamo	Mi chiamo Pietro.

vieni, dove, ?, da	Da dove vieni?
Blunasia, da, sono, blunasiano, vengo	Vengo da Blunasia, sono blunasiano.
lui, si, ?, come, chiama	Come si chiama lui?
Marco, chiama, si	Si chiama Marco.
Bianca, io, tu, sono, sei, ?, chi, e	Io sono Bianca e tu chi sei?
Cecilia, sono, io	Io sono Cecilia.
mi, per, la, favore, dai, ?, gomma	Per favore, mi dai la gomma?
dispiace, no, mi	No, mi dispiace.
colore, di, è, ?, che,	Di che colore è?
verde, è	È verde.
tre, da, uno, vieni, due, qui, me	Uno, due, tre, vieni qui da me.
cinque, chi, sei, sei, dimmi, quattro, tu, ?	Quattro, cinque, sei, dimmi tu chi sei?
si, ?, lei, come, chiama	Come si chiama lei?
Bianca, chiama, si	Si chiama Bianca.
mamma, si, la, tua, mia, chiama, Gabriella, ?, e	Mia mamma si chiama Gabriella, e la tua?
mia, si, la, Mariposa, chiama	La mia si chiama Mariposa.
chi, lei, ?, è	Lei chi è?
cugina, mia, Bianca, è	È mia cugina Bianca.

UNITÀ 4 TANTI AUGURI !

FUNZIONI		GRAMMATICA	LESSICO	ABILITÀ TRASVERSALI
Indicare la presenza di persone usando la forma "c'è".	C'è sua mamma Gabriella.	C'è... L'interrogativo *quanti?*	I numeri da 21 a 30. I mesi dell'anno.	- formulare ipotesi, - fare previsioni e verificarle, - ascoltare e comprendere attraverso il registratore e l'immagine, - ripetere canzoni e filastrocche, - memorizzare, -utilizzare il linguaggio sonoro, mimico e motorio -drammatizzare - collegare parole a immagini, - trasferire dati, - riordinare frasi, - contare, - utilizzare la motricità corporea per apprendere i numeri in funzione comunicativa - classificare in base a una caratteristica comune e in base al campo semantico, - raccogliere dati e riportarli su una tabella, - ordinare e confrontare numeri.
Dire e chiedere l'età ad altri.	Quanti anni hai/ha? Io ho... anni. Lui/lei ha... anni	I°, II° e III° persona singolare di *avere*.	Alcuni giochi: la bicicletta, la chitarra, il libro, la macchina, la palla, il pupazzo, la racchetta da tennis, il trattore.	
Fare gli auguri.	Tanti auguri a te!	Gli aggettivi possessivi *suo* e *sua*.		
Dire i numeri fino a trenta.	I numeri da 21 a 30.	Il pronome possessivo *il mio*.		
Chiedere e dire la somma di due numeri.	Quanto fa 20 più 4? Fa 24.	Iª persona plurale di *essere*.	Il compleanno.	
Chiedere e dire il giorno e il mese del compleanno.	Quando è il tuo compleanno? Il mio compleanno è il 1-31 gennaio-dicembre.		L'errore. Il regalo. L'anno.	
Chiedere e identificare oggetti.	Che cos'è? E' un/una...		Il giorno. Il mese.	
Dire il proprio numero di telefono.	Il mio numero è...			
Chiedere che cosa possiede qualcuno e rispondere.	Che cos'hai?\ Che cos'ha Paolo? Ho\Ha un libro.			

STORIA: Togo è a casa di Pietro che compie gli anni e prepara una festa con i suoi genitori. Bianca è arrivata con i propri genitori. Togo comincia a pensare cosa staranno preparando e dopo poco scopre che è il compleanno di Pietro. Così pensa di regalare a Pietro la polvere magica.

1 il campionato dei ricordi: terza partita

Riprendiamo il "campionato dei ricordi" allo scopo di recuperare il lessico relativo ai membri della famiglia. In questo caso occorre dapprima fare escludere e successivamente scrivere la parola che ha un suono diverso dalle altre, parola che però è già conosciuta dai bambini. Attenzione a mantenere la stessa apertura o chiusura delle vocali.

LINGUA DELLA CLASSE: al fine di far concentrare i bambini sulle parole che andranno ad ascoltare, può usare la formula "*sta' attento \ state attenti*" oppure "*fa' \ fate attenzione*" e anche "*ascolta \ ascoltate bene*". Queste espressioni possono chiaramente essere utilizzate in ogni occasione e presumibilmente Lei avrà già avuto modo di usarle anche nelle unità precedenti.

Questo è l'elenco:

colla, molla, **zia**, bolla
sette, **nonno**, fette, magliette
dita, matita, **mamma**, salita
bambino, **zio**, temperino, panino
righello, **papà**, ombrello, cancello
otto, lagotto, **cugino**, pizzicotto
fratello, rosa, sposa, Mariposa
giallo, gallo, cavallo, **cugina**
uno, nessuno, **sorella**, qualcuno
nove, **nonna**, piove, prove.

Dopo aver diviso la classe in squadre di 4 membri ciascuna, faccia ascoltare la prima sequenza di parole, poi chieda subito "*Che cosa non va bene?*", accentuando con la mimica e la voce il "*non*" della domanda. Faccia ascoltare alcune volte la sequenza in modo che i bambini si rendano conto della rima, poi li aiuti a trovare la risposta, che dovrà essere scritta su un foglio.
Alla fine i bambini avranno scritto i nomi dei membri della famiglia, che potranno essere letti ad alta voce, senza possibilità di correzione, dato che si tratta di una "*gara*" del campionato. Si faccia quindi consegnare i fogli: probabilmente tutte le squadre avranno scritto tutte le parole e la discriminante può essere rappresentata da eventuali errori di grafia, per cui assegni 10 punti in caso di risposte esatte e tolga un punto a ogni errore.

Successivamente mostri il disegno relativo alla famiglia di Pietro (attività 6 e 13, unità 3) e chieda "*Chi c'è a casa di Pietro?*", aiutando i bambini con una prima risposta "*C'è sua mamma Gabriella*". Infine li incoraggi con "*C'è suo ...*" intonando la voce in modo da attendere la risposta del bambino, fino a ottenere risposte autonome.

2 il dizionario illustrato

Faccia completare le immagini della pagina XIV degli allegati, quindi le faccia incollare sul dizionario illustrato. Avendo già elencato i membri della famiglia in più occasioni, i bambini possono anche svolgere quest'attività a casa.

3 Ascoltiamo

CLASSE MONOLINGUE: chieda ai bambini perché ci sono tanti parenti a casa di Pietro. Se non lo scoprono da soli, aiuti i bambini a capire che è il compleanno di Pietro (faccia sfogliare il libro, visto che nelle pagine seguenti appare ancora la torta). Chieda poi loro di immaginare chi può arrivare adesso.

Arrivano gli amici di scuola. Suona il campanello.

Mamma di Pietro:	Chi è?
Compagni di scuola	(in coro) Siamo noi.
Mamma:	Pietro, i tuoi amici.
Entrano in salotto	
Togo:	Ma... che cos'è?
Bambini in coro:	È il compleanno di Pietro.

Faccia ascoltare il dialogo seguendo le immagini sul testo, finché non risulti chiaro a tutti cosa sta succedendo. Si tratta di un dialogo di passaggio per lo sviluppo della vicenda, che funge in primo luogo da introduzione alla canzone successiva. Cerchi di fare capire il significato della parola "*compleanno*", dicendo, ad esempio, "*il mio compleanno è il ... e il tuo?*": si aiuti con un calendario e permetta ai bambini di dire le date nella loro lingua madre (mentre la indicano sul calendario in modo che Lei possa capirla e dirla in italiano).

4 Cantiamo

CLASSE MONOLINGUE: prima di ascoltare la canzone, chieda ai bambini cosa prevedono che stia succedendo.

Ritornello, in coro:	Tanti auguri a te, tanti auguri a te,
	tanti auguri a Pietro, tanti auguri a te.
Bambini a Pietro:	Quanti anni hai? (2 volte)
Pietro:	Ho sette anni, oggi è il mio compleanno.
Bambini in coro:	Ha sette anni, oggi è il suo compleanno.
Ritornello, in coro:	Tanti auguri a te, tanti auguri a te,
	tanti auguri a Pietro, tanti auguri a te.
Bambini:	Che bella bicicletta, ma dimmi, è la tua?
Pietro:	È il regalo di mia mamma e di mio papà.
Bambini in coro:	È il regalo di sua mamma e di suo papà.
Ritornello, in coro:	Tanti auguri a te, tanti auguri a te,
	tanti auguri a te, e la torta a me.

4.1 Faccia ascoltare la canzone una volta tenendo il libro chiuso e mimando possibilmente ciò che viene detto. Al secondo ritornello può già invitare i bambini a cantare (nessuno si esprimerà in modo corretto e molti tenderanno a cantare nella loro lingua: l'importante è che inizino a partecipare attivamente durante l'ascolto).

4.2 Faccia poi aprire il libro e inviti i bambini, interrompendo l'ascolto a ogni strofa per permettere di anticipare la lettura, a cantare ancora insieme le parti in cui è previsto un coro (è possibile seguire il testo leggendo).

4.3 Quando i bambini avranno compreso bene il testo (sempre grazie alla Sua gestualità), faccia drammatizzare la canzone, dividendo la classe in gruppi: un gruppo fa il coro di "*tanti auguri*", un gruppo è l'altro coro, mentre un bambino singolo è Pietro.

4.4 Può ripetere l'attività alcune volte, scambiando i ruoli all'interno della classe.

4.5 Successivamente ripeta l'attività modificando il nome del bambino, l'età e l'oggetto del regalo (prendendo un oggetto della classe di cui i bambini già conoscono il nome): il bambino che sostituisce Pietro scrive su un foglio di carta la sua età (un numero da 1 a 20) e lo mostra ai compagni, in modo che sia ben visibile a tutti. Attenzione che con gli oggetti si ha la variazione tra maschile e femminile ("*è il tuo, è la tua*"): non corregga eventuali errori di genere, dato che non è questo l'obiettivo dell'attività. O meglio, nel caso si verificasse un errore, finga di ripetere anche Lei insieme ai bambini e faccia così ascoltare la versione corretta.

5 Quanti anni ha?

PREREQUISITI: saper contare in senso progressivo e regressivo; saper confrontare e ordinare i numeri.

MATERIALI: fogli di carta, nastro adesivo.

CLASSE NUMEROSA: si può evitare di far alzare i bambini e di metterli in fila uno di fianco all'altro. Possono infatti stare ai loro posti e indicare chi è di turno a parlare.

I bambini scrivono su un foglio di carta un numero da 1 a 20, poi se lo attaccano addosso con il nastro adesivo, tenendo il numero coperto, verso il petto. Faccia disporre i bambini tutti in fila, uno di fianco all'altro, e inizi la catena delle domande. Chieda al primo bambino della fila "*Quanti anni ha?*" indicando il secondo bambino della fila (con nascosto, ad esempio, il numero 12). Faccia finta, in questa fase, di "trasmettere" con lo sguardo e con la mimica il numero nella mente del bambino, in modo da creare una specie di alone magico attorno a questo gioco un po' ripetitivo. "*Ha dieci anni*" potrebbe rispondere il primo bambino. "*Di più, di più*" deve dire il secondo, oppure "*di meno, di meno*", a seconda del numero che ha scritto (la prima volta dovrebbe sempre essere Lei a usare da esempio le espressioni "*di più*" e "*di meno*", facendole capire con la gestualità delle mani). La catena prosegue: il primo bambino chiede al secondo, riferendosi al terzo "*Quanti anni ha?*" e, dopo aver posto la domanda, "trasmette" al secondo la risposta. Il secondo risponde in base a ciò che immagina e il terzo lo aiuta dicendo "*di più*" o "*di meno*". Si prosegue così fino alla fine della fila.

6 Ascoltiamo la filastrocca

PREREQUISITI: i bambini devono saper contare fino a 30.

Testo (coro di bambini):

Togo:	Il papà di Pietro ha trent'anni.
Coro:	Ha trent'anni, ha trent'anni.
Togo:	La mamma di Pietro ha ventinove anni.
Coro:	Ha ventinove anni, ha ventinove anni.
Togo:	Suo zio ha ventotto anni.
Coro:	Ha ventotto anni, ha ventotto anni.
Togo:	Sua zia ha ventuno anni.
Coro:	Ha ventuno anni, ha ventuno anni.

6.1 Faccia ascoltare la filastrocca una volta senza aprire il libro, chiedendo prima ai bambini di cercare di capire "*Quanti anni ha il papà \ la mamma \ lo zio \ la zia di Pietro?*" (Scriva eventualmente le domande alla lavagna).

LINGUA DELLA CLASSE: l'attività di pre-ascolto del punto 6.1 può essere sfruttata al fine di introdurre nuovi elementi del linguaggio della classe. Scriva alla lavagna le domande sopra-indicate e inviti a copiarle ("*copia \ copiate le domande*"). Dopo il primo ascolto verifichi quanto è stato capito con la domanda "*È tutto chiaro? Ascoltiamo ancora*".

6.2 Dopo i primi tentativi di risposta, faccia ascoltare ancora la filastrocca e cerchi di far rispondere nuovamente alle domande.

6.3 Inviti i bambini ad aprire il libro, quindi faccia ascoltare ancora la filastrocca e faccia individuare le risposte.

6.4 Ripeta il testo della filastrocca e faccia assumere ai bambini la funzione del coro:
Lei: *Il papà di Pietro ha trent'anni.*
Bambini: *Ha trent'anni, ha trent'anni.*

6.5 Alla fine può anche creare due gruppi che si alternano nella recita delle strofe.

7 Contiamo

PREREQUISITI: i bambini devono saper eseguire addizioni entro il 30.

LINGUA DELLA CLASSE: come fase di preparazione all'attività 7 può invitare i bambini a contare, dicendo ad esempio "*conta \ contate fino a 10, fino a 15, fino a 20, ecc*". Inizi Lei dando l'esempio poi lasci che i bambini proseguano da soli.

Parte iniziale del testo:

Attenzione, attenzione!
Venti più sette uguale a ventisette.
Quanto fa venti più sei? = Ventisei, ventisei.

7.1 Per la prima parte dimostrativa usi in modo chiaro le figurine illustrate.

Prosecuzione del testo:

Quanto fa venti più due? =
Quanto fa venti più quattro? =
Quanto fa venti più otto? =

Quanto fa venti più tre? =	
Quanto fa venti più uno? =	
Quanto fa venti più nove? =	
Quanto fa venti più cinque? =	

7.2 Al termine di ogni domanda c'è una pausa che permette ai bambini di rispondere in coro.
Si possono usare nuovamente le figurine illustrate: mentre dalla cassetta si ascolta la domanda, Lei sollevi le figurine corrispondenti. Il primo ascolto andrebbe effettuato a libro chiuso, mentre per i successivi si può fare aprire il libro. La ripetizione dell'ascolto è legata alla velocità della classe, quindi è Sua la scelta di quante volte si può ripetere l'attività prima di passare alla fase scritta.

7.3 Al termine dell'attività orale i bambini devono scrivere di fianco alla domanda la risposta corrispondente, che trovano scritta a caso nella pagina.

LINGUA DELLA CLASSE: al fine di riprendere la forma "*dimmi \ ditemi*", può a questo punto fare un gioco matematico ponendo ai bambini la semplice domanda "*dimmi \ ditemi quanto fa... sei più diciassette*", e così via con altre somme. Rinforzi la risposta esatta con espressioni del tipo "*Bravo\a, Esatto, Complimenti, Molto bene*", oppure richiami l'attenzione sull'eventuale risposta errata con frasi tipo "*Sta' attento, fa' attenzione, conta bene\meglio*".
Dopo una prima fase di riscaldamento, durante la quale vengono apprese le forme appena indicate, può far giocare i bambini a coppie con una gara a eliminatorie: Lei pone una domanda a ogni coppia (così da giustificare l'uso della seconda persona plurale) e passa il turno la coppia che risponde per prima.

8 Dov'è l'errore?

I bambini, confrontando i numeri scritti con quelli precedenti, devono scoprire che *ventiuno* e *ventiotto* sono errati. Li inviti quindi a osservare bene le parole e dica che ci sono due differenze.
Nella pagina successiva c'è la spiegazione.

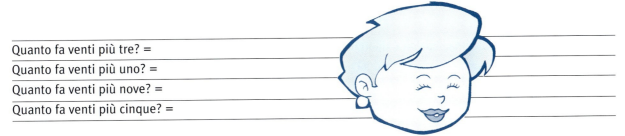

9 Ascoltiamo e scriviamo

I bambini devono ascoltare la cassetta su cui sono registrati dei numeri di telefono e quindi completare le parti mancanti nel libro dello studente. I numeri sono letti due a due. Ad esempio 211523 si legge ventuno, quindici, ventitré.

Faccia ascoltare le sezioni una alla volta, ripetendo l'ascolto nel caso ne riscontrasse la necessità. Al termine di ogni sezione inviti i bambini a correggersi a coppie quanto scritto, poi dia a tutti la risposta giusta, senza dare l'idea di verificare le risposte.

9.1 Il numero che si ascolta è 221826.

Testo scritto

1 Togo:	Il mio numero di telefono è 211724.
2 Bianca:	Il mio numero di telefono è 152328.
3 Pietro:	Il mio numero è 221826.

Chi parla?............ (Il bambino deve scrivere il nome di colui che pronuncia il numero cioè Pietro).

9.2 Nella cassetta si ascolta:

4 Bambina:	Il mio numero è 271429.
5 Donna adulta:	Il mio numero è: 301925.

Nelle nuvolette vengono riportati 2714 _ _ e 3019 _ _ e i bambini devono completare.

9.3 Nella cassetta si ascolta:

6 Bambino:	Il mio numero è 132225.
7 Donna adulta:	Il mio numero è 211728.

Sul testo vengono riportati 13 _ _ _ _ e 19 _ _ _ _ e i bambini devono completare.

9.4 Nella cassetta si ascolta:

8 Bambino:	Il mio numero è 291827.
9 Bambina:	Il mio numero è 241620.

Sul testo vengono riportati solamente i puntini da completare.

10 Ascoltiamo e scriviamo i numeri

PREREQUISITI: i bambini devono conoscere i mesi dell'anno nella loro lingua.

10.1 Prima di ascoltare il dialogo chieda a qualche bambino "*Quando è il tuo compleanno?*" e indichi una riposta dicendo "*Il mio compleanno è il ....*" (il bambino può dire il proprio mese di nascita in lingua madre).

Testo del dialogo

Pietro:	Quando è il tuo compleanno?
Togo:	Il mio compleanno è .... il 10 follaio.
Bambini in coro:	Ma che cosa dici?
Pietro:	Il mio compleanno è il 28 luglio,
Un bambino alla volta	il mio è il 27 agosto,
	il mio è il 25 marzo,
	il mio è il 26 febbraio,
	il mio è il 22 maggio,
	il mio è il 23 gennaio,
	il mio è il 24 ottobre,
	il mio è il 28 dicembre,
	il mio è il 21 aprile,
	il mio è il 25 giugno,
	il mio è il 29 settembre,
	il mio è il 26 novembre.

10.2 Faccia ascoltare il dialogo a libro chiuso, chiedendo di capire quando è il compleanno di Togo e quello di Pietro. Cerchi di essere molto espressivo\a per indicare lo stupore che i bambini manifestano alla parola "*follaio*".

10.3 Inviti poi i bambini a riempire la casella vuota con il numero del giorno pronunciato da ogni bambino (se necessario, esegua più ascolti). Faccia in modo che con un foglio i bambini coprano il testo del dialogo che appare sul libro.

10.4 infine faccia riascoltare il dialogo a libro aperto, in modo che i bambini verifichino da soli la correttezza di quanto hanno scritto.

10.5 Con il pretesto di verificare ciò che è stato scritto, faccia leggere le didascalie ai bambini, in modo che ripetano i numeri osservando le cifre e leggano per la prima volta i mesi.

CLASSE MONOLINGUE: dopo che i bambini hanno completato le caselle con i numeri dei giorni, li faccia riflettere su quanto hanno ascoltato, cioè chieda loro se, in un confronto con la loro lingua madre, hanno capito di quali mesi si tratta. Faccia poi ripetere i mesi nella lingua madre dei bambini e chieda loro quanti giorni hanno i mesi.

11 impariamo una filastrocca

I mesi

Trenta giorni ha novembre,
con aprile, giugno e settembre,
di ventotto ce n'è uno,
tutti gli altri ne hanno trentuno.

11.1 Faccia ascoltare la filastrocca una prima volta senza libro, chiedendo ai bambini di individuare quali numeri vengono recitati e quali mesi riescono a capire.

11.2 Faccia osservare i numeri e chieda ai bambini a cosa si possono riferire tali numeri (si parla di mesi).

11.3 Faccia ascoltare ancora la filastrocca con il libro aperto e la faccia seguire con il battito delle mani.

11.4 Faccia ripetere la filastrocca in coppia ai bambini facendoli giocare con mani, così come indicato dalle immagini. Deve comunque mostrare ai bambini come si gioca.

I bambini giocano a coppie, uno di fronte all'altro e battono le mani una volta da soli e una volta incrociando quella del compagno. Esempio:
Trenta (da soli)
giorni (mano destra di un bambino contro la mano destra dell'altro)
ha (da soli)
novembre (sinistra contro sinistra)
con (da soli)
aprile (entrambe le mani del bambino contro quelle del compagno)
giugno (da soli) e così si ricomincia il giro delle mani.

11.5 Alla fine faccia completare le didascalie sui personaggi che rappresentano i mesi con 31 giorni.

12 il dizionario illustrato

PREREQUISITI: saper collegare immagini e descrizioni orali. Saper distinguere i diversi climi in base ai mesi e alle stagioni.

MATERIALE: colla e forbici.

Si tratta di un'attività che può offrire diverse possibilità, a seconda delle attitudini dei bambini e soprattutto del loro paese di provenienza.

12.1 Alle pagine XV e XVI degli allegati ci sono le figurine illustrate dei mesi, ma non in ordine cronologico, (a fianco dello spazio per la didascalia c'è una casellina bianca in cui andrà scritto il numero progressivo del mese), ciascuna rappresentante un aspetto tipico del mese corrispondente. Se il paese dei bambini è vicino all'Italia, si potrà provare a fare mettere in fila i mesi (tale attività è possibile soprattutto con una CLASSE MONOLINGUE), oppure, se il paese è lontano e la classe è comunque MONOLINGUE, si può spiegare dapprima in lingua madre il clima, le festività e le caratteristiche dell'Italia nei diversi mesi, quindi cercare di far ragionare i bambini sulle immagini.

12.2 Con il Suo aiuto (in base alla filastrocca appena imparata) i bambini iniziano a scrivere i nomi dei mesi con trenta giorni, più febbraio, poi completano il calendario guardando le immagini e ciò che hanno scritto nell'attività 11.

12.3 Scriva alla lavagna i mesi in italiano, quindi a fianco di gennaio scriva follaio, così come detto da Togo nell'attività 10.

12.4 Lavori poi con tutta la classe, facendo proporre alcuni nomi per ciascun mese.

12.5 Metta i nomi ai voti, poi scelga i nomi definitivi per i mesi di Togo.

12.6 Faccia completare le didascalie nelle figurine dei mesi di Togo nelle pagine XV e XVI allegate al libro dello studente.

12.7 Dopo aver completato le didascalie, i bambini possono tagliare le immagini di tutti i mesi e incollarle sul dizionario illustrato (per questioni di tempo è possibile anche far svolgere quest'attività a casa).

FOLLAIO

13 Giochiamo

MATERIALE: cartellone bianco su cui trasferire i dati dell'intervista, da appendere in classe. Sarebbe opportuno che il cartellone fosse già pronto nel momento in cui Lei propone l'attività in classe. Nel caso ci fossero difficoltà di reperimento del cartellone, i dati possono anche essere riportati su un semplice calendario.

13.1 Al fine di compilare la tabella del libro dello studente, ogni bambino intervista tre compagni scrivendo nome e cognome e chiedendo "*Quando è il tuo compleanno?*" (ricordiamo ancora una volta l'uso di "*dimmi*", così come indicato negli spazi dedicati alla lingua della classe).

13.2 Tutti compilano le loro schede poi insieme riportano i dati su un grande cartellone da appendere in classe.

13.3 A turno faccia leggere una data a ogni bambino, dando Lei l'esempio, del tipo "*Il compleanno di Cecilia è il 17 aprile*".

Gennaio	Febbraio	Marzo	Aprile	Maggio	Giugno	Luglio	Agosto	Settembre	Ottobre	Novembre	Dicembre
1	1	1	1	1	1	1	1	1	1	1	1
2	2	2	2	2	2	2	2	2	2	2	2
3	3	3	3	3	3	3	3	3	3	3	3
4	4	4	4	4	4	4	4	4	4	4	4
5	5	5	5	5	5	5	5	5	5	5	5
6	6	6	6	6	6	6	6	6	6	6	6
7	7	7	7	7	7	7	7	7	7	7	7
8	8	8	8	8	8	8	8	8	8	8	8
9	9	9	9	9	9	9	9	9	9	9	9
10	10	10	10	10	10	10	10	10	10	10	10
11	11	11	11	11	11	11	11	11	11	11	11
12	12	12	12	12	12	12	12	12	12	12	12
13	13	13	13	13	13	13	13	13	13	13	13
14	14	14	14	14	14	14	14	14	14	14	14
15	15	15	15	15	15	15	15	15	15	15	15
16	16	16	16	16	16	16	16	16	16	16	16
17	17	17	17	17	17	17	17	17	17	17	17
18	18	18	18	18	18	18	18	18	18	18	18
19	19	19	19	19	19	19	19	19	19	19	19
20	20	20	20	20	20	20	20	20	20	20	20
21	21	21	21	21	21	21	21	21	21	21	21
22	22	22	22	22	22	22	22	22	22	22	22
23	23	23	23	23	23	23	23	23	23	23	23
24	24	24	24	24	24	24	24	24	24	24	24
25	25	25	25	25	25	25	25	25	25	25	25
26	26	26	26	26	26	26	26	26	26	26	26
27	27	27	27	27	27	27	27	27	27	27	27
28	28	28	28	28	28	28	28	28	28	28	28
29		29	29	29	29	29	29	29	29	29	29
30		30	30	30	30	30	30	30	30	30	30
31		31		31		31	31		31		31

14 Ascoltiamo

Testo del dialogo:

Bianca:	Che cos'hai?
Bambino 1:	Ho un pupazzo e tu?
Bambino 2:	Io ho un trattore.
Bambino 3:	Io ho una palla.
Bambino 4:	Io ho un libro.
Bambino 5:	Io ho una macchina.
Bambino 6:	Io ho una racchetta da tennis.
Bambino 7:	Io ho una bicicletta.
Bambino 8:	Io ho una chitarra.
Bambino 9:	E tu Togo che cos'hai?
Togo:	Sssssst, guardate...
In coro:	Oooh!

14.1 Faccia ascoltare il primo dialogo senza guardare il libro. Mentre i bambini ascoltano il dialogo, mostri la figurina illustrata corrispondente al regalo citato.

14.2 Successivamente divida i bambini in tanti gruppi quante sono le figurine relative ai giochi (nel caso di classi con pochi bambini a qualcuno possono anche essere assegnate due o più figurine). Assegni a ogni gruppo la corrispondente figurina, scandendo bene il nome dell'oggetto al momento della consegna. Faccia riascoltare il dialogo e faccia sollevare la figurina quando viene citata.

14.3 Disponga le figurine illustrate in vari punti della classe e inviti i bambini a indicarle nel momento in cui vengono citate.

14.4 Infine faccia ripetere il dialogo in coro, mostrando di volta in volta le figurine illustrate dei giochi.

15 il dizionario illustrato

MATERIALE: colori, forbici, colla.

Attività sul dizionario illustrato (pagina XVII degli allegati):

15.1 Faccia dapprima dire ai bambini il nome delle cose rappresentate dalle figurine illustrate.

15.2 Faccia disegnare le figurine illustrate e faccia poi completare le didascalie.

15.3 Faccia tagliare le figurine illustrate e le faccia incollare sul dizionario.

16 Giochiamo

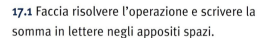

Gli stessi gruppi dell'attività 14 ora giocano a mimare l'oggetto: dopo avere ricevuto una figurina diversa da quella avuta in precedenza, ogni gruppo la guarda e uno del gruppo a turno deve mimarla.

16.1 Mimi Lei dapprima tutto il procedimento.

16.2 Faccia poi mimare un bambino (es. Paolo) domandando: "*Che cos'ha Paolo?*" e gli altri devono indovinare (faccia osservare l'esempio sul libro dello studente).

17 Giochiamo ancora

17.1 Faccia risolvere l'operazione e scrivere la somma in lettere negli appositi spazi.

17.2 Faccia leggere ad alta voce i numeri da sommare, l'operazione e il relativo risultato già scritto dai bambini sul libro.

18 Giochiamo a Tris

Si tratta di un'attività che Lei può utilizzare per una rapida revisione o un rapido recupero del lessico. La riportiamo sul libro dello studente come esempio a cui fare sempre riferimento per un suo utilizzo con qualunque campo semantico incontrato. In questo caso indichiamo un momento (quello finale) dell'unità in cui l'attività può essere effettuata. A Lei la scelta (la stessa attività potrebbe essere eseguita all'inizio dell'unità successiva, come fase di riscaldamento e di recupero del lessico dell'unità precedente).

Tris con numeri da 20 a 30 e con i giochi: si gioca a coppie.
Un bambino ha i numeri e l'altro ha i giochi. Scrivendo a turno una parola sola, devono riuscire a scrivere tre parole, in fila, dello stesso campo semantico (in linea verticale, orizzontale o obliqua).

Faccia dunque osservare il libro dello studente e inviti i bambini a disegnare su un foglio uno schema vuoto simile a quello del libro, in modo da poter giocare a coppie.

LINGUA DELLA CLASSE: come per le unità precedenti, riportiamo qui quanto evidenziato in questa unità a proposito del linguaggio della classe. Lasciamo alla Sua discrezione l'utilizzo o meno di questi termini per eventuali giochi riassuntivi.

Unità 4

Sta' \ state attenti	Conta \ contate fino a 10, fino a 15, fino a 20 \ conta
Copia \ copiate le domande	bene\meglio
È tutto chiaro?	Dimmi \ ditemi quanto fa...
Fa' \ fate attenzione	Bravo\a, Esatto, Complimenti, Molto bene, ecc.

CIVILTÀ 1 L'ITALIA

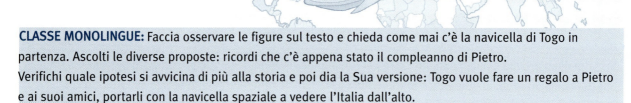

CLASSE MONOLINGUE: Faccia osservare le figure sul testo e chieda come mai c'è la navicella di Togo in partenza. Ascolti le diverse proposte: ricordi che c'è appena stato il compleanno di Pietro.
Verifichi quale ipotesi si avvicina di più alla storia e poi dia la Sua versione: Togo vuole fare un regalo a Pietro e ai suoi amici, portarli con la navicella spaziale a vedere l'Italia dall'alto.

1. Dov'è l'italia?

Faccia dapprima osservare il disegno della cartina dell'Italia sul testo e chieda ai bambini di che colore è la bandiera dell'Italia. Passi poi a un confronto con il loro paese e inviti i bambini a trovare la propria nazione e a colorarla con i colori della bandiera, quindi li aiuti a scrivere il nome del paese in italiano. Chieda poi loro se conoscono altre nazioni vicine all'Italia o al loro paese ("*E questo che cos'è? Come si chiama?*"), gliele faccia dire nella loro lingua, quindi scriva il nome in italiano, in modo che i bambini lo trascrivano sulla cartina. Dia il compito di disegnare a casa i colori della bandiera dei paesi che i bambini conoscono, mentre in classe, durante la lezione successiva, può completare ulteriormente il cartellone delle bandiere e delle nazionalità.

2 Ascoltiamo

Testo della filastrocca:

Pietro:	Guarda Roma com'è grande, laggiù in fondo il Colosseo, gli animali con la coda sono gatti, marameo.
Bianca:	A Venezia i piccioni mangian pane dalle mani. Sulla piazza di San Marco non son tutti veneziani.
Pietro:	A Milano su una chiesa c'è una statua, sembra un uomo.
Bianca:	Cosa dici? È una Madonna che protegge il suo bel Duomo.

Pietro:	Sopra Napoli, se guardi,
	puoi vedere un monte strano.
	Ogni tanto fa del fumo,
	è il Vesuvio, un vulcano.
Bianca:	Al mattino, a Firenze,
	c'è una donna con un secchio.
	Con lo straccio e il sapone
	sta lavando Ponte Vecchio.
Pietro:	Sulle Alpi ho camminato
	in tutti i monti e sono stanco.
	Però mai sono arrivato
	sul più alto, il Monte Bianco.

2.1 Dapprima faccia ascoltare la filastrocca per esteso con il libro davanti, aperto alla pagina XVIII degli allegati, dove sono presenti le immagini citate nella filastrocca, cercando di mimare le azioni e i luoghi descritti. Occorre tenere presente che si tratta di un ascolto mirato attraverso il quale i bambini devono solamente capire di quale città e di quale luogo si tratta. Non vi sono elementi strutturali o lessicali da approfondire, perché l'obiettivo è quello di presentare ai bambini alcuni luoghi dell'Italia.

2.2 Quindi inviti i bambini ad ascoltare la filastrocca una seconda volta e a riconoscere i nomi delle città e dei luoghi, e a segnare il numero progressivo secondo cui vengono cantate.

2.3 Il terzo e un eventuale quarto ascolto possono servire per completare l'attività o per verificare l'esattezza di quanto già è stato fatto.

3 Tagliamo e incolliamo

A questo punto faccia tagliare le figurine e le faccia incollare nello spazio appropriato in base al testo della filastrocca (c'è corrispondenza di numeri tra quanto segnato dai bambini nelle figurine e quanto si trova nel libro dello studente).

CLASSE MONOLINGUE: è qui interessante dare ai bambini alcune informazioni riguardo ai luoghi che hanno appena incontrato. Ad esempio si potrebbe dire che il Monte Bianco è il più alto d'Europa, oppure che il Vesuvio è un vulcano che anticamente ha distrutto una città, che nel Colosseo avvenivano lotte tra gladiatori, schiavi e animali feroci, che sempre a Roma c'è il Papa, ecc. Informazioni, cioè, che attraggano la curiosità dei bambini e servano a fissare il nome e l'ubicazione dei luoghi incontrati.

UNITÀ 5 LA POLVERE MAGICA

FUNZIONI		GRAMMATICA	LESSICO	ABILITÀ TRASVERSALI
Chiedere l'ubicazione di oggetti e persone.	Dov'è la mia palla? Dov'è Togo?	Verbo *piacere* con i pronomi *mi* e *ti*.	Il cibo: il cioccolato, il formaggio, il pane, la pasta, il pesce, la pizza, il prosciutto, la torta.	- ascoltare e comprendere attraverso il registratore e l'immagine, - formulare ipotesi, - fare previsioni e verificarle, - ripetere canzoni e filastrocche, - memorizzare, - utilizzare il linguaggio sonoro e mimico, - drammatizzare - ascoltare e completare frasi - tagliare e incollare - rappresentare percorsi su tracciati, - orientarsi nello spazio, - leggere e completare, - strutturare dati in tabelle, - classificare parole e oggetti in base al genere - cooperare - utilizzare il linguaggio motorio.
Dire che non si sa qualcosa.	Non lo so.	L'avverbio interrogativo *dov'è?*		
Chiedere e dire a chi appartiene un oggetto.	Di chi è la palla? E' la mia\tua\sua.	I° persona singolare /plurale di *mangiare*.		
Chiedere e dire come si dice \ si chiama un oggetto sconosciuto.	Come si dice \ si chiama questo in italiano? Si dice\ si chiama...	II° persona singolare di *volere*.	La classe: il banco, il tavolo, la lavagna, la sedia.	
Chiedere e esprimere gusti e preferenze.	Ti piace.....? Sì, mi piace/ No, non mi piace. E' buonissima!	aggettivi e pronomi possessivi (*mio, tuo, suo*).	Il biglietto. La lettera.	
Saper offrire qualcosa. Accettare.	Vuoi una fetta di torta? Sì, grazie. Ecco, la tua torta!			

1 il campionato dei ricordi: quarta partita

In questo gioco, legato al CAMPIONATO DEI RICORDI, si lavora con le figurine illustrate. Metta in mostra le immagini relative agli oggetti visti nell'unità 4, facendone ripetere coralmente il nome ("*dimmi \ ditemi che cos'è \ come si chiama?*"). Divida la classe in squadre di 4 bambini, poi li faccia voltare, quindi tolga una figurina, cambiando l'ordine delle altre. Chieda "*Che cosa manca?*" (si riprenderà lo stesso gioco nell'attività 3, in caso di classe numerosa) e lo faccia scrivere su un foglio, lasciando 10 secondi prima di passare alla domanda successiva (per un totale di 5 domande per ogni gruppo). Nel frattempo segni per Lei su un foglio le risposte corrette. Al termine dell'attività ritiri i fogli e assegni un punto per ogni risposta esatta. Restituisca i fogli ai bambini e scriva alla lavagna le risposte corrette. Infine appenda i fogli nel cartellone riassuntivo della QUARTA PARTITA.

LINGUA DELLA CLASSE: come già evidenziato nelle unità precedenti, anche questa partita del campionato dei ricordi può essere sfruttata per esercitare molti aspetti delle lingua della classe.

Nota importante: riteniamo che da questo momento in poi non sia più necessario richiamare costantemente l'attenzione su quegli aspetti basilari della lingua della classe che già sono emersi durante le unità precedenti. Siamo infatti quasi alla metà del primo libro, per cui i bambini dovrebbero aver già acquisito una certa autonomia nell'uso di un determinato linguaggio, cosicché affidiamo al Suo giudizio il fatto di insistere o meno su attività mirate a tale acquisizione. I riquadri relativi alla lingua della classe ritorneranno solamente in alcuni punti che riteniamo di particolare importanza.

2 Cantiamo

STORIA: Si riprende dal momento in cui Togo anima i regali, suscitando la preoccupazione e lo stupore degli altri bambini. Poi la madre di Pietro ritrova i regali e Togo spiega che la polvere magica può far animare gli oggetti. I bambini non capiscono e Togo chiede ai compagni di avere pazienza, dato che poi lo scopriranno.

CLASSE MONOLINGUE: Chieda il motivo delle espressione preoccupata dei bambini.

Dialogo introduttivo alla canzone.

Bambini:	Che cos'è?
Togo:	È la polvere magica.

Testo della canzone:

Bambina:	Il mio pupazzo. Dov'è, dov'è?
Coro:	Chi cerca trova, chi cerca trova.
Bambino:	Il mio trattore. Dov'è, dov'è?
Coro:	Chi cerca trova, chi cerca trova.
Bambina:	La mia palla. Dov'è, dov'è?
Coro:	Chi cerca trova, chi cerca trova.
Bambino:	La mia racchetta. Dov'è, dov'è?
Coro:	Chi cerca trova, chi cerca trova.
Bambina:	La mia chitarra. Dov'è, dov'è?
Coro:	Chi cerca trova, chi cerca trova.
Bambino:	Il mio libro. Dov'è, dov'è ?
Coro:	Chi cerca trova, ecco dov'è.

2.1 Faccia ascoltare la canzone (a libro chiuso) una volta mimando soprattutto la domanda *"Dov'è, dov'è?"* sia con la gestualità delle mani che con l'espressione del viso. Per l'ultima strofa tenga a portata di mano un libro, che solleverà dicendo *"Ecco dov'è"*.
Durante l'ascolto inviti i bambini a cantare *"Dov'è, dov'è?"*

2.2 Per il secondo ascolto faccia fare il coro ai bambini che dovranno cantare *"Chi cerca trova"*.

2.3 Nel terzo ascolto, a libro aperto, divida la classe in due gruppi, dei quali uno nomina gli oggetti, chiedendo *"Dov'è, dov'è?"* e l'altro risponde *"Chi cerca trova"*.

2.4 Provi a far cantare la canzone modificando l'ordine e mostrando una figurina illustrata scelta a caso (es. il trattore). I bambini dovranno cantare (senza musica) una sola strofa: *"Il mio trattore, dov'è, dov'è, chi cerca trova, chi cerca trova"*, e così via con altre figurine (a vostra scelta e in base al livello di attenzione della classe).

3 Chi cerca trova

PREREQUISITI: Saper comprendere correttamente i termini *"avanti, indietro, a destra, a sinistra"*. Saper effettuare spostamenti lungo percorsi che siano assegnati mediante istruzioni orali.

Un bambino esce dalla classe, quindi viene nascosto un suo oggetto (matita, penna, gomma o un altro oggetto di cui il bambino già conosce il nome in italiano).

Quando il bambino entra, deve dapprima scoprire che cosa manca tra gli oggetti posti sul suo banco (in coro i bambini chiedono "*Che cosa manca?*").

A questo punto aiuti il bambino a chiedere : "*Dov'è il/la mia...?*". I bambini possono condurre verso l'oggetto il compagno con delle indicazioni ("*tre passi avanti, indietro, a destra, a sinistra*"); mentre il bambino si avvicina all'oggetto, gli altri in coro dovranno dire "*Chi cerca trova*". Il gioco continua fino a che il bambino ha trovato l'oggetto e ne ha riferito il nome correttamente.

Per spiegare il gioco, mostri a tutta la classe dapprima come misurare la distanza tra il punto in cui si trova il bambino e il luogo in cui è nascosto l'oggetto: misuri ad alta voce la distanza con i passi, dicendo, ad esempio, "*tre passi avanti, due passi a destra, tre passi a sinistra, due passi indietro*". Ripeta il movimento e inviti i bambini a partecipare: dica, ad esempio, "*due passi ...* " lasciando in sospeso la voce in modo che i bambini stessi dicano "*... avanti*", e così via a seconda dei movimenti che andrà a effettuare. Concluda questa fase facendo parlare solamente i bambini.

4 impariamo una filastrocca

CLASSE MONOLINGUE: faccia osservare il disegno e chieda ai bambini se ricordano come gli oggetti sono finiti nella stanza e come si sono nascosti.

Testo della filastrocca:

Mamma di Pietro:	Di chi è la macchina?
Bambino:	E' la mia, è la mia.
Bambina:	Di chi è la palla?
Coro:	E' la tua, è la tua.
Bambino:	Di chi è la penna?
Mamma di Pietro:	E' la sua, è la sua.
Bambina:	Di chi è il pupazzo?
Bambino:	E' il mio, è il mio.
Bambino:	Di chi è il trattore?
Coro:	E' il tuo, è il tuo.
Bambina:	Di chi è il libro?
Coro:	E' il suo, è il suo.

4.1 Faccia ascoltare il testo una volta a libro chiuso e faccia accompagnare con il ritmo delle mani le parti in cui vengono citati i pronomi possessivi. Nel frattempo Lei mostri le figurine illustrate relative agli oggetti citati e cerchi di mimare i possessivi.

4.2 Successivamente divida la classe in tre gruppi (i bambini restano tra i banchi) e distribuisca in parti uguali per ogni gruppo le figurine illustrate citate nella filastrocca.

Chieda a un bambino per gruppo, a turno, di rappresentare il personaggio che pone la domanda. Inizi Lei come esempio, poi faccia proseguire il bambino. La domanda deve essere posta a un gruppo specifico, anche al proprio (nel qual caso la risposta sarà "*è il mio\la mia*"). Ad esempio il rappresentante del gruppo A chiede al gruppo C "*Di chi è il trattore?*", la cui figurina illustrata è tra quelle appartenenti al gruppo B. In questo caso il gruppo C a cui è stata rivolta la domanda deve rispondere "*È il suo, è il suo*".

5 il campionato dei ricordi: quinta partita

Materiale occorrente: cartoncino rigido, cartellone bianco da appendere in classe.

5.1 Disegni alla lavagna una O come un viso maschile con i baffi e una A che funge da cappello per un viso femminile.

5.2 Successivamente i bambini disegnano le stesse immagini su un quaderno in modo da conservarle per le attività che si faranno in seguito, al fine di distinguere il maschile dal femminile.

5.3 Ora prenda un cartellone e lo divida in due parti: su una parte incolli il viso maschile e sull'altra quello femminile, visi che Lei avrà già preparato su un cartoncino rigido (può anche disegnare sul cartellone le stesse immagini disegnate alla lavagna). Come titolo scriva IL MASCHILE E IL FEMMINILE.

5.4 Prenda una parola a caso tra quelle viste nella filastrocca precedente e chieda ai bambini di osservare come finisce (ad esempio *il libro*). La scriva nel tabellone dalla parte della *–o*, facendo notare ancora una volta la vocale finale e scandendo con chiarezza l'articolo determinativo. Scriva poi una parola che termina in *–a* (*la penna*) con lo stesso procedimento visto prima.

5.5 Faccia poi osservare (nel caso non lo avessero già notato i bambini stessi) che *il trattore* termina in *–e*. Scriva la parola alla lavagna e dica di scrivere su un foglio a parte tutte le parole che finiscono in *–e*.

5.6 Inviti quindi i bambini a ricordare e a scrivere su un foglio più parole possibile terminanti in *–a* oppure *–o* senza l'aiuto del libro o del dizionario illustrato. Chieda di scrivere la parola unitamente all'articolo determinativo. Sottolinei il fatto che i numeri e i mesi devono essere esclusi.

Si apre qui una fase particolare del "campionato dei ricordi", durante la quale i bambini giocano individualmente (può essere un modo per dare una "scossa" alla classifica). Il gioco può durare a lungo, ma è un modo per riprendere in modo giocoso, anche se un po' meccanico, tutto il lessico visto finora e per chiarire il concetto di maschile e femminile unito all'articolo.

Conceda circa 20 minuti di tempo per scrivere le parole poi ritiri i foglietti: nel frattempo sul CARTELLONE DEL

MASCHILE E DEL FEMMINILE, aiutandosi con il dizionario illustrato, scriva tutte le parole finora viste terminanti in –a e –o, cercando di tenere vicine le parole appartenenti allo stesso campo semantico. Quelle terminanti in –e le scriva alla lavagna.

Per semplificarle la ricerca, riportiamo qui un elenco dei vocaboli incontrati finora (in corsivo quelli in –e).

La classe	La famiglia	I giochi	Lessico non riportato nel dizionario illustrato, che però i bambini potrebbe citare perché usato nel libro		
la matita,	la mamma,	la palla,	*la canzone,*	il pizzicotto,	*Il colore,*
la colla,	la sorella,	la macchina,	la filastrocca,	il nome,	il regalo,
la forbice,	la nonna,	la chitarra,	la pagina,	il cognome,	l'anno,
la penna,	la zia,	la racchetta da	la bandiera,	il numero,	il giorno.
la gomma,	la cugina,	tennis,	la bambina,	il bambino,	
il temperino,	il papà,	la bicicletta,	la molla,	l'ombrello,	
il libro,	il fratello,	*il trattore,*	la navicella,	il dizionario,	
il righello,	il nonno,	il libro,	la partita,	il campionato,	
il quaderno,	lo zio,	il pupazzo.	*la polvere,*	*il fiume,*	
il pennarello.	il cugino.		la maschera,	il compleanno,	
			la coppa,	*l'errore,*	
			la rana,	il telefono,	
			l'Italia,	l'uomo,	
			la chiesa,	il duomo,	
			la statua,	*il monte,*	
			la donna,	il fumo,	
			la parola,	il vulcano,	
			la casa,	*il ponte,*	
			la famiglia.	il secchio,	
				il sapone,	
				lo straccio.	

5.7 Scaduto il tempo ritiri i foglietti e appenda il cartellone, invitando i bambini a copiare sui loro quaderni ("*ricopia \ ricopiate sul quaderno*") ciò che compare sul cartellone stesso. Nel frattempo corregga rapidamente i fogli relativi alla partita e attribuisca a ogni bambino mezzo punto per ogni parola corretta (compreso l'articolo determinativo).

5.8 Faccia osservare il cartellone e chieda ai bambini cosa notano: dovrebbe apparire chiaro come tutte le parole maschili hanno un articolo uguale (è *il* tranne alcuni casi in cui può apparire *lo* oppure *l'*) e lo stesso quelle femminili. Non è il caso di specificare con linguaggio tecnico che l'articolo maschile è *il* e quello femminile *la*. L'importante è che intuitivamente e visivamente i bambini si rendano conto delle differenze. Una verifica di tali "intuizioni" può essere data dall'elenco di vocaboli terminanti in –e che Lei ha in precedenza scritto sulla lavagna. Chieda ai bambini sotto quale colonna devono essere scritti: nel caso ci fossero indecisioni, faccia notare l'articolo che precede la parola e rinnovi la domanda. A questo punto scriva le parole nelle rispettive colonne.

NOTA BENE: Il cartellone deve restare appeso in classe e deve essere completato con ogni parola nuova che si incontra.

6 Mio o mia?

6.1 Osservi le icone assieme ai bambini e faccia loro capire a quale aggettivo possessivo si riferiscono.

6.2 Faccia in seguito completare le frasi come nell'esempio.

6.3 Al termine faccia leggere quanto è stato scritto.

7 Ascoltiamo

STORIA: Pietro chiama gli amici a mangiare la torta, ma Togo non c'è. Pietro spegne le candeline, i bambini cantano insieme e indicano con il dito "*la torta a me*". A questo punto Togo salta fuori dalla torta e Pietro è sconsolato perché vede la sua torta distrutta. Togo allora estrae la polvere magica e fa riapparire una torta ancora più grande.

CLASSE MONOLINGUE: faccia fare supposizioni riguardo a Togo: "*Dov'è secondo voi?*", "*Perché?*", "*Che cosa vuole fare, ecc?*"

Testo del dialogo:

Bambino:	Dov'è Togo?
Bambino:	Non lo so.
Bambini (cantando):	Tanti auguri a te, tanti auguri a te, tanti auguri a Pietro e la torta a me!
Togo (uscendo dalla torta):	Tanti auguri
Pietro:	... e la mia torta?
Togo:	Ecco la tua torta!

7.1 Prima dell'ascolto faccia contare le candeline ("*Quante candeline ci sono sulla torta?*") e chieda "*Quanti anni ha Pietro?*". I bambini ascoltano il dialogo una prima volta senza osservare il libro. Evidenzi con gesti chiari la frase "*Non lo so*". I bambini conoscono già le parole della strofa con tanti auguri, perché le hanno già cantate nella canzone dell'unità 4. Mentre fa ascoltare il dialogo inviti i bambini a ripetere cantando tale strofa: si accorgeranno che c'è qualcosa di diverso (*...e la torta a me*). Chieda: "*Cosa dice la canzone?*" per verificare se comprendono esattamente la differenza.

7.2 Faccia ascoltare il dialogo ancora una volta, ma a libro aperto, seguendo i disegni sul testo.

7.3 I bambini si dividono in piccoli gruppi e drammatizzano il dialogo: li faccia disporre attorno a un banco sotto il quale si nasconde un bambino, che in questo modo rappresenta il ruolo di Togo.

8 Facciamo un biglietto di auguri

MATERIALE OCCORRENTE: cartoncino bianco da colorare per biglietto d'auguri.

CLASSE MONOLINGUE: dopo aver preparato il biglietto di auguri, chieda ai bambini quale può essere l'indirizzo di Pietro.

8.1 Faccia osservare i disegni ai bambini.

8.2 Legga le istruzioni assieme a loro e mostri come preparare un biglietto di auguri.

8.3 Faccia infine preparare i biglietti ai bambini e li inviti a scrivere una lettera a Pietro, nella quale parlano di loro stessi usando le strutture già imparate.

8.4 Raccolga i biglietti e dica ai bambini che li spedirà a Pietro.

9 Ascoltiamo ancora

CLASSE MONOLINGUE: faccia osservare il disegno e inviti i bambini a fare supposizioni su ciò che Togo esprime nel dialogo dapprima con l'espressione sospetta, poi con il salto di gioia.

MATERIALE OCCORRENTE: fogli di carta rigida, forbici, pennarelli, graffatrice oppure nastro adesivo oppure colla.

DISPOSIZIONE DELLA CLASSE: sedie attorno ad un grande tavolo o a tanti banchi messi a quadrato.

Prepari assieme ai bambini con uno o più fogli di carta abbastanza rigida la sagoma di una grande torta e la faccia colorare. Servirà per drammatizzare il testo del dialogo. Può introdurre l'attività dicendo *"prepariamo la torta"*. Cerchi di dare il più possibile disposizioni in italiano per la preparazione stessa della torta.

LINGUA DELLA CLASSE: questa è l'occasione per inserire nell'ambito di un'attività manuale alcuni elementi legati alla lingua della classe: *"piega \ piegate il cartoncino, arrotola \ arrotolate la carta, ecc."*

Qualora, per motivi di tempo o di spazio, risultasse troppo impegnativo preparare la torta di compleanno, prenda un oggetto piuttosto grande e lo ponga al centro di un tavolo facendo capire che quella è la torta. Attorno a questa torta è poi possibile drammatizzare il dialogo.

NOTA: Se ha la possibilità di utilizzare una cucina o una mensa scolastica, faccia preparare una torta vera e propria in collaborazione con i Suoi colleghi. Si tratta di un'occasione unica per sviluppare il linguaggio relativo alle attività manuali (*"impasta, mescola, versa l'acqua, ecc."*)

Testo del dialogo

Pietro:	Mangiamo la torta!
Bambini:	Siiiii.
Bianca:	Togo ti piace la torta?
Togo:	Mmm non lo so!
	Io a Blunasia mangio bizzulì.
Bambini:	Vuoi una fetta di torta?
Togo:	Sì, grazie.
Pietro:	Ti piace?
Togo:	E' buonissima!

9.1 Inviti i bambini attorno a un tavolo grande (oppure a tanti banchi messi a quadrato), metta al centro la torta preparata con il cartoncino, sottolinei le Sue azioni descrivendo ciò che sta facendo e infine avvii il registratore: dopo la prima battuta metta in pausa il registratore e ripetete insieme la battuta " *mangiamo la torta*" invitando con i gesti i bambini a mangiare la torta.

9.2 Prosegua ripetendo battuta per battuta e mimando ciò che succede (un bambino deve interpretare il ruolo di Togo).

9.3 Faccia ascoltare poi il dialogo per esteso e infine lo faccia ripetere ai bambini a piccoli gruppi (uno zainetto può diventare la torta), facendo svolgere loro i diversi ruoli.

10 Che cosa mangia Togo?

10.1 Chieda ai bambini che cosa sono gli oggetti che secondo loro Togo mangia nel proprio paese. Usi l'espressione "*Togo mangia bizzulì. Poi, che cosa mangia Togo a Blunasia?*" e elenchi alla lavagna (su una colonna) le parole che i bambini diranno. Chieda, a tal fine, ai bambini (prendiamo come esempio la parola "*gesso*", introdotta solo come figurina illustrata ma poco utilizzata nelle attività) "*Mangia il gesso? Come si dice il gesso in blunasiano?*" e così via, lasciando inventare parole e sottolineando l'espressione "*come si dice ... ?*" Inventi poi Lei qualche parola e chieda "*Come si dice (ad esempio) rapango in italiano?*". Giocando in questo modo può rivedere gran parte del lessico incontrato finora. Alla fine indichi la lavagna e poi un banco chiedendo "*Come si dice questo in italiano?*". Si tratta di due vocaboli ancora sconosciuti, per cui dirà "*Non lo sapete? Andiamo avanti e vediamo*". In questo modo, oltre aver introdotto la struttura "*come si dice questo in italiano*", ha creato un'anticipazione per il proseguimento dell'attività.

10.2 Dicendo "*Scopriamo che cosa mangia Togo*" faccia ascoltare la prima serie di numeri e dica ai bambini di osservare i numeri che man mano ascoltano. Faccia anche osservare il modo in cui si forma la parola SEDIA. Si tratta infatti dell'esempio da seguire per il proseguimento dell'attività.

10.3 Faccia collegare con una linea i numeri che i bambini ascoltano.

10.4 Nella cassetta, dopo la serie di numeri, per ogni oggetto si ascolterà la frase "*Come si chiama in italiano?*". Metta il registratore in pausa e faccia formare, a matita, la parola corrispondente al disegno, lasciando ai bambini la libertà di scrivere ciò che vogliono. Dopo che avranno scritto, dica il nome corretto dell'oggetto e lasci che i bambini correggano da soli quanto hanno scritto.

10.5 A questo punto i bambini potranno completare la frase immettendo l'oggetto corretto.
Togo mangia la sedia, il ..banco.., la ..lavagna.., il ..tavolo..

10.6 Può far loro riportare i nomi sul cartellone preparato precedentemente per il maschile e femminile.

10.7 Infine faccia completare le didascalie alla pagina XIX degli allegati e faccia ritagliare e incollare le immagini sul dizionario illustrato alla pagina LA CLASSE.

CLASSE MONOLINGUE: scriva alla lavagna la frase "*Che cosa piace a Togo?*", poi faccia analizzare gli oggetti che Togo mangia a Blunasia. Chieda perché mangia questi oggetti, fino a arrivare al materiale comune di cui sono composti, cioè il legno. Rispondete quindi alla domanda iniziale, scrivendo "*A Togo piace il legno*".

11 Che cosa ti piace?

CLASSE MONOLINGUE: chieda ai bambini se hanno mai assaggiato cibo italiano e che cosa preferiscono. Chieda se ricordano il nome del cibo in lingua italiana e faccia loro fare un confronto con il loro tipo di alimentazione.

PREREQUISITI: Strutturare dati in tabelle.

11.1 Mentre i bambini osservano la pagina con gli alimenti, chieda loro, senza un ordine preciso, "*Paul, ti piace la pizza?*" (indicando il corrispondente alimento sul libro dello studente) in modo da introdurre l'attività. E' sufficiente che rispondano con "*sì*" o "*no*", oppure con un semplice cenno del capo o delle mani.

11.2 Inviti quindi i bambini ad ascoltare Pietro e Bianca.

Testo, che non compare sul libro dello studente:

Pietro:	Ti piace la pasta?
Bianca:	No, la pasta non mi piace.
Pietro:	Ti piace la pizza?
Bianca:	Sì, la pizza mi piace.
Pietro:	Ti piace il prosciutto?
Bianca:	Sì, il prosciutto mi piace.
Bianca:	Ti piace il pesce?
Pietro:	No, il pesce non mi piace.
Bianca:	Ti piace la torta?
Pietro:	Sì, la torta mi piace.
Pietro:	Ti piace il cioccolato?
Bianca:	No, il cioccolato non mi piace.
Pietro:	Ti piace il formaggio?
Bianca:	No, il formaggio non mi piace.
Pietro:	Ti piace il pane?
Bianca:	No, il pane non mi piace.

11.3 Ora faccia osservare la tabella e spieghi ai bambini che dovranno porre una croce sotto l'espressione "*Sì, mi piace*", "*No, non mi piace*" in base alle preferenze espresse da Pietro e Bianca nel testo.

11.4 Proceda con l'ascolto per altre due volte in modo da offrire ai bambini la possibilità di ricevere le informazioni necessarie per completare la tabella.

11.5 Come verifica chieda "*A Bianca piace la pasta?*", lasciando rispondere con un sì o con un no. Verifichi in questo modo tutti gli alimenti.

12 Adesso tocca a te

I bambini ripetono l'attività a coppie e completano la tabella in base alle risposte ricevute dal compagno. A tal fine faccia osservare le immagini dell'attività precedente e dia l'esempio chiedendo *"Ti piace ....?"*

Al termine faccia riferire oralmente cosa piace o non piace al compagno di banco.

13 Il dizionario illustrato

MATERIALE: forbici e colla

Dopo aver completato la tabella inviti i bambini a completare il dizionario illustrato alla voce cibo. Faccia loro completare le didascalie delle immagini alla pagina XIX degli allegati.

In questo caso consigliamo di svolgere quest'attività proprio in questa fase dell'unità, dato che i bambini sono chiamati a scrivere le parole riguardanti le immagini che andranno ad incollare sul dizionario illustrato.

La ripresa di questo lessico si avrà poi nell'unità 7 con un campionato dei ricordi.

UNITA 6 E TOGO DOV'È?

FUNZIONI		GRAMMATICA	LESSICO	ABILITÀ TRASVERSALI
Chiedere e dare informazioni sull'ubicazione di oggetti o persone. Rispondere negativamente.	Dov'è Togo? E' in\ sopra\ sotto\ dentro\ dietro qualcosa. Non lo trovo.	Le tre persone singolari dei seguenti verbi in ARE: *mangiare, cercare, guardare, giocare.*	La casa: la cucina, il frigo, la camera da letto, il letto, il salotto, la poltrona, il bagno, la doccia, lo specchio, la vasca da bagno, il giardino, la panchina, la televisione. Lo zaino. La fame, la sete, il sonno, il freddo, il caldo. Il cesto.	- formulare ipotesi, fare previsioni e verificarle, - ascoltare e comprendere attraverso il registratore e l'immagine, - ripetere canzoni e filastrocche, - memorizzare, - drammatizzare, - utilizzare il linguaggio gestuale, - collegare parole a immagini, - collegare suoni a immagini, - localizzare oggetti nello spazio, - riconoscere e classificare le parole in base a un attributo dato e in base al genere, - percepire suoni e rumori ambientali.
Dire i nomi delle stanze e degli oggetti della casa.	Sono\ vado\ guardo\ cerco... in cucina\ in camera da letto\ in salotto\ in bagno\ in giardino.	Le preposizioni *sopra, sotto, dentro, dietro, in.*		
Chiedere e dare informazioni riguardanti azioni che si svolgono abitualmente.	Che cosa fai in cucina\ salotto\ camera da letto\ giardino\ bagno? Mangio\ guardo la Tv/dormo\ gioco\ faccio la doccia.			
Chiedere e dare informazioni riguardanti le sensazioni fisiche.	Che cos'hai? Ho fame\ sete\ freddo\ sonno\ caldo.			

1 Il campionato dei ricordi: sesta partita

Divida come al solito la classe in squadre di 4. Consegni a ogni squadra una fotocopia del testo sotto riportato, relativo alla canzone dell'attività 2 dell'unità 5, faccia ascoltare una volta la cassetta poi inviti le squadre a ricostruire la canzone stessa per iscritto.
Lasci 5 minuti di tempo poi faccia nuovamente ascoltare la canzone per una eventuale correzione. Si faccia quindi consegnare le fotocopie compilate: chi scrive la canzone esatta riceve 6 punti, dai quali se ne toglie uno a ogni errore.
Come verifica finale riconsegni le fotocopie agli alunni e faccia ascoltare nuovamente la canzone.

Alla fine appenda tutti gli scritti nel cartellone riassuntivo della partita.

Testo fotocopiabile:

Bambina:	_____?
Coro:	Chi cerca trova, chi cerca trova.
Bambino:	_____?
Coro:	Chi cerca trova, chi cerca trova.
Bambina:	_____?
Coro:	Chi cerca trova, chi cerca trova.
Bambino:	_____?
Coro:	Chi cerca trova, chi cerca trova.
Bambina:	_____?
Coro:	Chi cerca trova, chi cerca trova.
Bambino:	_____?
Coro:	Chi cerca trova, ecco dov'è.

2 Cantiamo

STORIA: dopo aver mangiato la torta i bambini giocano a nascondino. Togo vuole fare una sorpresa e decide di sparire. Come? Gettandosi un pizzico di polvere magica sulla testa.
I bambini lo cercano ovunque, ma senza risposta. Dove sarà?

CLASSE MONOLINGUE: faccia osservare il disegno e inviti a formulare ipotesi su che cosa sta accadendo. Faccia inoltre osservare nella figura se Togo è nascosto da qualche parte, chieda ai bambini se prevedono che Togo sia in una delle stanze della casa oppure da qualche altra parte.

PREREQUISITI: il bambino deve saper localizzare oggetti nello spazio e usare correttamente nella propria lingua le preposizioni *"dietro, sopra, sotto, dentro"*.

Faccia ascoltare il dialogo introduttivo alla canzone, lasciando il libro aperto.

Testo:

Togo:	Attenzione.
Bambini:	Oooooooh!
Bambini:	Ma... dov'è Togo?

Subito dopo faccia finta di cercare Togo in classe, chiedendo ripetutamente, *"ma... dov'è Togo?"* e rispondendo con frasi del tipo *"È dentro il cestino? qui non c'è!"*, *"È dietro la lavagna? No, qui non c'è!"*, *"È sotto il banco? No, qui non c'è!"*, *"È sopra l'armadio? No, qui non c'è!"*. Cerchi cioè di usare vocaboli conosciuti dai bambini e di sottolineare le preposizioni di luogo. Con il tono della voce inviti anche i bambini stessi a fare supposizioni.

Successivamente passi all'ascolto della canzone.
Testo della canzone:

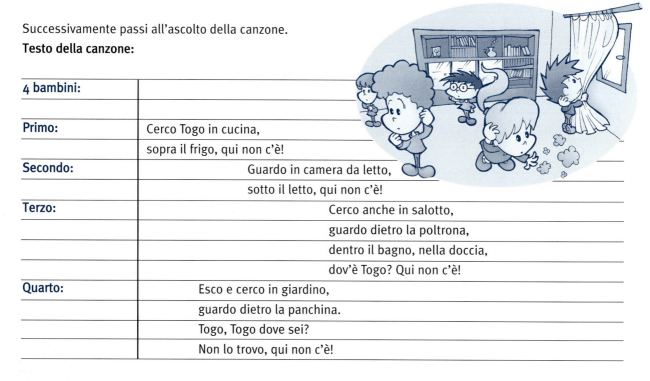

4 bambini:	
Primo:	Cerco Togo in cucina,
	sopra il frigo, qui non c'è!
Secondo:	Guardo in camera da letto,
	sotto il letto, qui non c'è!
Terzo:	Cerco anche in salotto,
	guardo dietro la poltrona,
	dentro il bagno, nella doccia,
	dov'è Togo? Qui non c'è!
Quarto:	Esco e cerco in giardino,
	guardo dietro la panchina.
	Togo, Togo dove sei?
	Non lo trovo, qui non c'è!

2.1 Faccia ascoltare la canzone una prima volta senza far aprire il libro: durante l'ascolto mostri di volta in volta le figurine illustrate relative alle parti della casa citate.

2.2 Durante il secondo ascolto cerchi di mimare le azioni del guardare e del cercare, nonché le preposizioni *sotto, sopra, dentro, dietro*.

2.3 Al terzo ascolto inviti i bambini a mimare con Lei.

2.4 Faccia ascoltare una quarta volta la canzone dopo aver disposto le figurine illustrate riguardanti la casa in vari punti della classe. I bambini dovranno indicarle nel momento in cui vengono citate.

2.5 Provi, a libro aperto, a far cantare la canzone strofa per strofa e infine tutti insieme cantate il testo e mimate.

In alternativa potrebbe dividere la classe in due gruppi, mentre un gruppo canta l'altro mima.

2.6 Faccia in modo che i bambini non osservino la pagina seguente del libro, oppure la copra con un post-it prima di iniziare l'attività 3. Chieda ai bambini dov'è Togo, dato che ora sanno intuitivamente usare i termini visti nella canzone. Prenda nota delle varie supposizioni e infine faccia osservare la pagina seguente, nella quale si scopre dov'era Togo.

CLASSE MONOLINGUE: chieda ai bambini dove secondo loro è stato Togo mentre gli amici lo stavano cercando.

3 Cerchiamo Togo

3.1 Faccia guardare i disegni e dica ai bambini di leggere le preposizioni e segnare la risposta corretta nel quadratino.

3.2 Faccia leggere le frasi completate.

3.3 Chieda poi ai bambini se ci sono parole che non hanno mai incontrato (richiami l'attenzione su "*lo specchio*" e "*la vasca da bagno*") e le faccia scrivere sul cartellone del maschile e del femminile. E' la seconda volta che si incontra una parola con articolo "*LO*": dica che si tratta di una parola che va scritta nella colonna del maschile (sia la parola che l'articolo terminano in -*o*), quindi faccia capire che più avanti se ne incontreranno altre, lasciando per il momento il dubbio del perché si ha "*LO*".

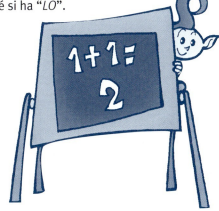

4 Dov'è?

4.1 I bambini guardano i disegni e completano le frasi sostituendo il disegno con la parola e la relativa preposizione.

4.2 Dopo che i bambini avranno completato l'attività faccia leggere quello che hanno scritto.

5 Tagliamo e incolliamo

Spieghi a parole e a gesti, aprendo il libro di fronte ai bambini e mostrando le foto, come deve essere svolta l'attività.

5.1 Ogni bambino deve ritagliare gli oggetti che trova alla pagina XX degli allegati e deve incollarli a scelta in una delle due classi raffigurate nel libro dello studente, collocandoli sopra, sotto, dietro oppure dentro qualcosa. L'altra classe deve rimanere vuota perché qui ogni bambino disegnerà gli oggetti del compagno.

5.2 Prima di fare ritagliare gli oggetti si faccia dire il nome accompagnato dal corrispondente articolo determinativo. Tra gli oggetti c'è lo zaino, di cui i bambini non dovrebbero ancora conoscere il nome. Chieda "*Come si chiama questo in italiano?*" (nel caso non lo avessero già chiesto i bambini), poi scriva il nome alla lavagna. Infine riporti la parola sul cartellone del maschile e del femminile, facendo notare che anche questa parola, così come *zio e specchio*, è preceduta da *lo*.

5.3 Faccia lavorare i bambini a coppie, uno di fronte all'altro. Il bambino non vede il libro del compagno. A turno ciascuno di loro chiede: "*Dov'è la penna?*" e l'altro (che ha incollato ad esempio la penna sotto il banco) risponde: "*è sotto il banco*". Il bambino che ha posto la domanda a questo punto disegna la penna là dove gli è stato indicato dal compagno, nella classe in cui non ha incollato alcun oggetto. Terminati gli oggetti i bambini si scambiano i ruoli e alla fine confrontano se quanto hanno disegnato corrisponde al collage del compagno.

5.4 Come verifica, faccia dire ad alcuni bambini la collocazione degli oggetti.

LINGUA DELLA CLASSE: l'introduzione delle preposizioni "*sopra, sotto, dietro, dentro*" può essere un valido pretesto per una revisione di buona parte del lessico della classe. Consigliamo di giocare ancora una volta a *Togo dice...*, invitando i bambini a muoversi dal banco ("*alzati, vieni alla lavagna, va' alla porta, vieni alla cattedra, ecc.*"), a prendere qualche oggetti all'interno della classe ("*prendi la matita, la penna, ecc. sopra il banco di Pierre, dentro lo zaino di Angela, ecc.*") e a metterlo da qualche altra parte sempre all'interno della classe ("*metti la penna sopra il banco di Miguel, dà il libro a Elena, porta la penna a Jorge, ecc.*"). Può poi chiedere a uno o più bambini dov'è ubicato un oggetto ("*dimmi ora dov'è la penna, ecc.*") e può anche far ripetere i pronomi possessivi: il bambino che ha sul banco un oggetto non suo può infatti chiedere "*Di chi è* *questa penna?*". E il legittimo proprietario può rispondere "*è la mia*".

Nota: ripetiamo ancora una volta che spetta a Lei la scelta sull'opportunità e sul momento in cui effettuare il gioco. Lo stesso gioco, infatti, potrebbe essere fatto al termine dell'attività 14 oppure anche alla fine dell'unità stessa.

6 Ascoltiamo

Testo del dialogo:

Togo:	E in cucina che cosa fai?
Pietro:	Mangio.
Togo:	E in salotto che cosa fai?
Pietro:	Guardo la televisione.
Togo:	E in camera da letto che cosa fai?
Pietro:	Dormo.
Togo:	E in giardino che cosa fai?
Pietro:	Gioco.
Togo:	E in bagno che cosa fai?
Pietro:	Faccio la doccia.

6.1 Disponga in ordine casuale nella classe le figurine illustrate relative alle stanze della casa. Faccia ascoltare, la prima volta a libro chiuso, il dialogo tra Togo e Pietro, facendo indicare quali stanze vengono menzionate.

6.2 Faccia poi ascoltare un'altra volta il dialogo a libro aperto, facendo numerare le immagini corrispondenti alle battute del dialogo. Un nuovo ascolto permetterà un controllo da parte dei bambini, singolarmente o a coppie.

6.3 Chieda quindi ai bambini, mostrando la figurina illustrata, "*che cosa fai qui?*" I bambini rispondono usando le forme verbali che hanno appena ascoltato.

7 Colleghiamo

I bambini devono leggere le frasi e collegarle al disegno corrispondente, così come indicato nell'esempio.

8 il dizionario illustrato

A questo punto i bambini completano il dizionario figurato alla voce CASA, andando alla pagina XVIII degli allegati. Le immagini sono finite, i bambini devono completare le didascalie, tagliano le figurine e le incollano sul dizionario.

9 Giochiamo

Disponete i bambini a coppie: ciascuno di loro, a turno, guardando le immagini delle stanze rappresentate dal dizionario illustrato, chiede al compagno "*cosa fai in camera da letto, in cucina, ecc.?*". Il compagno risponderà utilizzando le espressioni viste nel dialogo precedente cioè: "*Dormo, mangio ecc*". In pratica si fa ripetere in modo più attivo quanto proposto nel dialogo dell'attività 6.

10 Ascoltiamo

CLASSE MONOLINGUE: Prima di far ascoltare il dialogo introduttivo alla filastrocca provi a chiedere ai bambini di osservare le figure e aiuti loro a capire il significato delle immagini ponendo domande del tipo: "*Perché Togo apre la finestra, perché è davanti al frigorifero?*" ecc.

Dialogo:

Pietro:	Che cos'hai?
Togo:	Ho caldo, ho freddo, ho sonno, ho fame, ho sete.

10.1 Faccia ascoltare il dialogo introduttivo alla filastrocca mimando le espressioni relative alle parole di Togo.

10.2 Successivamente mostri di volta in volta alla classe il disegno corrispondente alle parole di Togo.

10.3 Faccia ascoltare poi la filastrocca.

Testo della filastrocca:

        Togo ha caldo,
        Togo ha freddo,
        Togo ha caldo, freddo e sonno.
        Togo ha fame,

Togo ha sete,
Togo ha fame, sete e sonno.
Togo ha fame,
Togo ha sonno,
Togo ha fame, sonno e caldo.
Togo ha freddo,
Togo ha sete,
Togo ha freddo, sete e caldo.

10.5 Faccia ascoltare la filastrocca una volta e mimi tutte le espressioni indicate dal testo.

10.6 Al secondo ascolto inviti i bambini a seguire il testo sul libro e a mimare con Lei (se necessario ripeta l'ascolto per una o due volte, in modo che tutti comprendano le espressioni del testo).

10.7 A questo punto faccia lavorare i bambini a coppie: uno recita la filastrocca e l'altro mima, invertendo poi i ruoli.

11 Scriviamo

11.1 Faccia osservare i disegni (può anche chiedere oralmente "*Che cos'ha?*", sollevando il libro verso i bambini e indicando di volta in volta un disegno), quindi faccia completare le frasi.

Frasi complete:

Togo ha freddo
Bianca ha caldo
Pietro ha fame
Lui ha sete
Lei ha sonno

11.2 Al termine dell'attività faccia leggere ciò che è stato scritto.

12 Ascoltiamo

PREREQUISITI: distinguere e selezionare suoni prodotti da esseri umani.

Divida la classe a squadre, poi faccia ascoltare la cassetta, in cui sono registrati i suoni e i rumori prodotti da un bambino. Il primo serve da esempio, ed è rappresentato sul libro dello studente:

Si sente sbuffare e aprire la finestra: chieda "*Che cos'ha?*" e i bambini devono rispondere "*Ha caldo*".

Rumori successivi:

Si sente mangiare una mela.
Si sente bere.
Si sente sbadigliare.
Si sente battere i denti.

Metta in pausa il registratore dopo ogni suono ascoltato e lasci che i bambini possano individuare l'azione. Inviti ogni squadra a scrivere la risposta su un foglio, poi a turno si faccia dettare le risposte alla lavagna, in modo che i bambini possano copiarle sul loro quaderno.

13 Giochiamo

13.1 Per elicitare gradualmente questa attività di ripasso lessicale, può iniziare a porre domande relative alla posizione di oggetti. Chieda, ad esempio, "*dov'è il mio libro?*" (fingendo di cercarlo dopo averlo in precedenza nascosto da qualche parte) oppure faccia cadere una matita e chieda sempre "*dov'è la mia matita?*" e così via, a Sua scelta.

13.2 Gioco dello stesso suono: i bambini devono dapprima ascoltare e trovare le parole con lo stesso suono, scriverle nel cesto e poi usare la parola che non ci sta (scritta in una casella a parte, così come compare nell'esempio) per completare le frasi:

Frase corretta	Parole da ascoltare
Pietro è ...*sopra*... il letto	sotto, cotto, sopra, otto
Bianca è ...*dietro*... la poltrona	caldo, saldo, dietro, Aldo
Togo è ...*dentro*... la doccia	cane, dentro, pane, rane
Antonio è ...*sotto*... il tavolo	sotto, penna, renna, antenna

13.3 Faccia ascoltare le parole dal registratore anche più volte, se necessario, quindi faccia scrivere le parole negli appositi spazi. Infine faccia completare la frase con la preposizione corretta.

13.4 Faccia leggere le frasi complete.

14 Facciamo il cruciverba

I bambini devono leggere e trovare la parola adeguata, deducendola dal disegno, nei quadratini del cruciverba.

Verticale:
1. È sopra il tavolo (macchina)
3. È dentro lo zaino (libro)
5. Pietro ha ....(caldo)

Orizzontale:
1. È la ....di Pietro (mamma)
2. È sotto la sedia.
4. È dietro la lavagna.
6. È dentro il cesto.

15 Scriviamo: il o la?

PREREQUISITI: classificare parole in base al genere.

Azioni o immagini rappresentate sul libro dello studente.

1 Togo mangia il formaggio.
2 Togo guarda la televisione.
3 La cucina ha tre tavoli.
4 Togo mangia la pizza.
5 Togo gioca con la macchina.
6 Togo mangia il prosciutto.
7 Il bagno è bianco.
8 Togo gioca con il pupazzo.
9 Togo guarda il libro.
10 Togo gioca con la palla.
11 La camera ha un letto blu.

15.1 I bambini devono dapprima osservare i disegni. Provi a chiedere cosa succede nei singoli vagoni e inviti i bambini a descrivere oralmente le diverse situazioni.

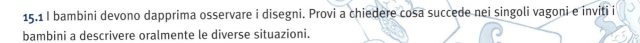

15.2 Faccia leggere le parole elencate sotto i vagoni, poi faccia scrivere l'articolo determinativo maschile o femminile.

15.3 Faccia completare le frasi, invitando bambini a guardare nuovamente il disegno.

Togo mangia ...., ... e .... (il formaggio, la pizza, il prosciutto)
Togo gioca con ...., con .... e con .... (la macchina, il pupazzo, la palla)
Togo guarda .... e .... (la televisione, il libro)
.... ha tre tavoli (la cucina)
.... è bianco (il bagno)
.... ha un letto blu (la camera)

15.4 Faccia leggere le frasi complete.

LINGUA DELLA CLASSE: per Sua conoscenza, riportiamo qui alcuni elementi nuovi emersi in questa unità.

Unità 6

Metti \ mettete il libro sopra il banco
Da' \ date la matita a Angela
Porta \ portate la penna a Jorge

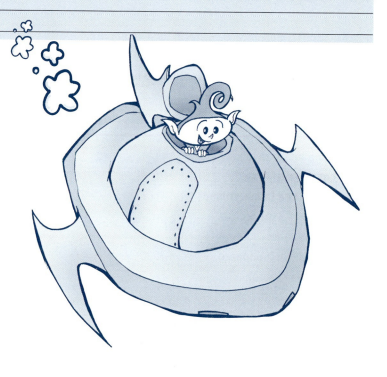

LA COPPA DEI CAMPIONI: 2

1 Completiamo la filastrocca e scriviamo i mesi

Sul libro dello studente compare quanto segue:

COMPLETA: Trenta giorni ha _____,
con _____, _____ e _____,
di ventotto ce n'è uno,
tutti gli altri ne hanno trentuno.

RISPONDI: Il mese con ventotto giorni è _____
I mesi con trentuno giorni sono _____, _____, _____, _____,
_____, _____ e _____.

Divida la classe in gruppi di quattro e consegni a ogni squadra una fotocopia dell'esercizio precedente. Faccia poi completare la filastrocca sui mesi e successivamente faccia scrivere il nome degli altri mesi che mancano. Conceda 10 minuti di tempo.
Al termine ritiri i fogli e assegni un mezzo punto a ogni mese scritto correttamente.
Come verifica per i bambini scriva le risposte alla lavagna e inviti tutti a completare il proprio libro dello studente. Si ricordi che i fogli consegnati dalle squadre devono essere appesi sul CARTELLONE DELLA COPPA DEI CAMPIONI: SECONDA PARTE (vedi introduzione) e i punti segnati nella cartellone che riporta la classifica della Coppa dei Campioni.

2 Troviamo i numeri

È un'attività piuttosto semplice che può essere incentrata sulla velocità, così da offrire uno stimolo competitivo ai bambini. In sostanza i bambini devono anagrammare i numeri da 21 a 30 e scriverli correttamente. Per lo svolgimento dell'attività divida la classe in squadre di 4 e inviti i bambini a scrivere a matita sul libro di uno dei membri della squadra stessa.

Si faccia consegnare i libri completati e assegni 6 punti alla squadra che termina per prima, 3 punti alla seconda, 2 alla terza e 1 dalla quarta in poi. Le squadre che commettono errori passano automaticamente in coda alle altre. Nel caso che ogni squadra commetta errori, perde valore il tempo di consegna e la vittoria deve essere attribuita alla squadra che ha commesso meno errori.
Al termine scriva i numeri alla lavagna e inviti ogni bambino a completare il proprio libro.

EVOTNINEV=	**VENTINOVE**	RVIEENTT=	**VENTITRE**
NVIEUTED=	**VENTIDUE**	VTTEOONT=	**VENTOTTO**
TENEISIV=	**VENTISEI**	NTARET=	**TRENTA**
EQVNCNETIIU=	**VENTICINQUE**	RETIQATNTUOV=	**VENTIQUATTRO**
OVTNENU=	**VENTUNO**	TETNISTVEE=	**VENTISETTE**

3 Ascoltiamo e troviamo la frase misteriosa

PREREQUISITI: saper classificare formando insiemi di oggetti secondo una caratteristica comune.

Si tratta di un'attività simile a quella già presentata nella prima parte della Coppa Campioni, laddove si invitava a suddividere il lessico incontrato in base ai campi semantici di appartenenza. La differenza consiste nel fatto che in questa attività (di ascolto) si toglie un vocabolo in alcuni campi semantici richiesti e tali parole andranno a completare la frase misteriosa che dà il titolo all'attività stessa.

Faccia ascoltare le parole della cassetta e le faccia suddividere nelle caselle indicate nel libro dello studente. Noti che la prima riga serve da esempio e permette a Lei di spiegare ai bambini il tipo di attività richiesto.

Riportiamo qui lo schema completo dei termini già suddivisi in ordine di ascolto nei rispettivi campi semantici:

I REGALI		**IL CIBO**		**LA CASA**	
1 la bicicletta	5 il pupazzo	1 il prosciutto	5 la pasta	1 la vasca da bagno	5 la poltrona
2 la chitarra	6 la racchetta da tennis	2 il cioccolato	6 il pesce		6 il bagno
3 la macchina		3 il formaggio	7 la pizza	2 la camera da letto	7 la doccia
4 la palla	7 il trattore	4 il pane			8 lo specchio
				3 il letto	9 il giardino
				4 il salotto	10 la panchina
					11 la televisione

Che cosa manca?

L'ordine completo d'ascolto delle parole è il seguente:

La bicicletta, il prosciutto, la vasca da bagno, la camera da letto, il cioccolato, il letto, il formaggio, il salotto, la chitarra, la poltrona, la macchina, il bagno, il pane, la palla, la doccia, il pupazzo, la pasta, lo specchio, la racchetta da tennis, il giardino, il pesce, il trattore, la panchina, la pizza, la televisione.

Dica ai bambini che tra i REGALI manca una parola che già conoscono, così come una parola manca nel lessico relativo al CIBO, mentre ne mancano due nell'ambito della CASA. Faccia poi capire che con tali parole riusciranno a completare la frase misteriosa.

Prima di iniziare l'attività distribuisca a ogni squadra una fotocopia della pagine del libro dello studente in cui compare la tabella e la frase da completare.

Per lo svolgimento dell'attività faccia ascoltare le parole della cassetta almeno due volte e ne conceda una terza che permetta ai bambini di controllare quanto hanno scritto.

Successivamente inviti a osservare la frase sottostante e dica di completarla:

Il _____ è in _____ dentro il _____ sotto la _____.

(Il libro è in cucina dentro il frigo sotto la torta)

Quando una squadra ha finito, si faccia consegnare il foglio compilato e controlli quanto scritto.

La squadra che per prima completa correttamente l'attività riceve 12 punti, la seconda 9, la terza 6 e la quarta 4. Vanno invece due punti di consolazione alle squadre che si classificano dal quinto posto in poi oppure a quelle che hanno commesso errori. Nel caso che ogni squadra commetta errori, perde valore il tempo di consegna e la vittoria deve essere attribuita alla squadra con meno errori.

Dopo l'assegnazione dei punteggi, scriva alla lavagna (magari facendosele dettare oppure facendole scrivere direttamente a un bambini) le parole nell'ordine esatto richiesto dalla tabella e inviti ogni bambino a completare la tabella sul proprio libro.

4 Finiamo le frasi

I bambini devono completare le frasi come nell'esempio:

Vado a letto perché...**ho sonno**...

Apro la finestra perché .... (ho caldo)

Chiudo la porta perché .... (ho freddo)

Mi dai per favore una pizza. .... (ho fame)

Mi dai per favore una Coca-Cola. .... (ho sete)

Proceda come al solito dividendo al classe in squadre da quattro e inviti i bambini a scrivere a matita sul libro il libro di uno dei membri della squadra.

Controlli quanto è stato scritto è assegni punteggi.

La squadra che per prima completa correttamente l'attività riceve 4 punti, la seconda 3, la terza 2. Va invece un punto di consolazione alle squadre che si classificano dal quarto posto in poi oppure a quelle che hanno commesso errori. Nel caso che ogni squadra commetta errori, perde valore il tempo di consegna e la vittoria deve essere attribuita alla squadra con meno errori.

Infine scriva le frasi corretta alla lavagna e inviti ogni bambino a copiarle sul proprio libro.

5 La rana e il fiume

MATERIALE OCCORRENTE: fogli bianchi, forbici, colla.

Riproponiamo lo stesso gioco visto nella precedente Coppa dei Campioni.

Per praticità ripetiamo qui le stesse indicazioni date in precedenza:

Suddivida la classe in squadre di quattro.
Dapprima esegua il gioco indicato sul libro di testo. I bambini devono riordinare correttamente la frase, in modo da poter attraversare il fiume e raggiungere il regalo che c'è sull'altra sponda.

Successivamente inviti i bambini ad andare alle pagine XXII e XXIII degli allegati, dove incontreranno una serie di sassi da ritagliare e da incollare nell'ordine corretto.

Faccia incollare tutti i sassi (frasi) su dei fogli quindi si faccia consegnare i lavori, attribuendo come al solito un punto a ogni risposta esatta. Faccia una croce di fianco alle frasi errate, poi scriva alla lavagna tutte le risposte corrette, in modo che i bambini verifichino dove hanno sbagliato.
Nel caso avesse poco tempo a disposizione può semplicemente fare scrivere le frasi su un foglio, senza far tagliare e incollare le pietre. Quindi si faccia consegnare quanto scritto e riscriva le forme corrette alla lavagna.

La seconda fase dell'attività può essere svolta individualmente dai bambini e consiste nel fare collegare le frasi (due a due) che possono stare insieme. Dia l'esempio con la prima *"Quanti anni ha? Ha otto anni"*. I bambini devono tagliare le frasi e rincollarle su un altro foglio nell'ordine corretto (in caso di mancanza di tempo si ricorda quanto detto nel paragrafo precedente).

Per questa attività conceda 15 minuti di tempo e alla fine del lavoro si faccia consegnare i nuovi fogli, assegni un punto a ogni domanda e risposta esatte. Il primo che consegna il lavoro tutto corretto prima dello scadere dei 15 minuti avrà diritto a un bonus di 8 punti, il secondo 6, il terzo 4 e il quarto 2. Nel caso di errori riscontrati nei lavori consegnati prima dello scadere del tempo, non si ha diritto a nessun bonus.

Riportiamo qui le frasi mescolate e quelle corrette, nell'ordine finale. Nell'allegato del libro dello studente le frasi hanno chiaramente un ordine sparso.

| ha, ?, anni, quanti | Quanti anni ha? |
| 8, ha, anni | Ha 8 anni. |

| hai, ?, quanti, anni | Quanti anni hai ? |
| 15, ho, anni | Ho 15 anni. |

| è, il, ?, compleanno, quando, tuo | Quando è il tuo compleanno? |
| mio, 28, è, compleanno, il, il, luglio | Il mio compleanno è il 28 luglio. |

| è, che, ?.cos' | Che cos'è? |
| una, è macchina | È una macchina. |

| nove, fa, tredici, ?, quanto, più | Quanto fa tredici più nove? |
| ventidue, fa | Fa ventidue. |

| mia, è, ?, dov', palla, la | Dov'è la mia palla? |
| poltrona, sotto, è, la | È sotto la poltrona. |

| la, ?, di, chitarra, è, chi | Di chi è la chitarra? |
| sua, la, è | È la sua. |

| Togo, ?, è, dov' | Dov'è Togo? |
| in , da, letto, camera, è | È in camera da letto. |

| in, questo, chiama, italiano, ?, si, come | Come si chiama questo in italiano? |
| zaino, chiama, si | Si chiama zaino |

| formaggio, ?, piace, ti, il | Ti piace il formaggio? |
| Il, no, non, formaggio, piace, mi | No, il formaggio non mi piace. |

| fai, ?, che, in, cosa, salotto | Che cosa fai in salotto? |
| televisione, guardo, la | Guardo la televisione. |

UNITÀ 7 TOGO E GLI ANIMALI

FUNZIONI	GRAMMATICA		LESSICO	ABILITÀ TRASVERSALI
Chiedere e dire i giorni della settimana.	Che giorno è oggi? Oggi è lunedì.	Presente dei verbi regolari alla I° e alla III° persona singolare.	I giorni della settimana.	- formulare ipotesi fare previsioni e verificarle,
Identificare e dire il nome alcuni animali.	Che cos'è questo/quello? Che animale è questo? Questo /quello è un cane/gatto.	I pronomi dimostrativi *questo* e *quello*.	Gli animali: il bisonte, l'aquila, la balena, il cammello, il canarino, il cane, il canguro, il cavallo, il cinghiale, il cerbiatto, il cervo, il coccodrillo, il coniglio, il criceto, l' elefante, la foca, la gallina, il gatto, il leone, la lepre, il lupo, la marmotta, la mucca, l'orso bianco, il pappagallo, la tartaruga, il panda, il pesce, il serpente, il topo, il tucano.	- ascoltare e comprendere attraverso il registratore e l'immagine, - memorizzare, - utilizzare il linguaggio sonoro e gestuale, - drammatizzare, - leggere un breve testo e comprendere informazioni, - ripetere canzoni e filastrocche, - riconoscere i diversi habitat degli animali, - classificare animali in base all'ambiente naturale e alle caratteristiche fisiche, - trovare differenze e somiglianze, - raccogliere dati e strutturarli in tabelle.
Chiedere e dare informazioni sullo stato d'animo.	Che cos'hai? Sono triste.			
Esprimere un desiderio.	Voglio un cane.			
Chiedere e dire com'è il verso degli animali?	Come fa il cane? Il cane fa...			
Chiedere e dire la provenienza.	Da dove viene? Viene da... (preposizione articolata).		Africa, Cina, America, Australia, Polo Nord, Brasile.	
Chiedere di descrivere alcune azioni e rispondere.	Che cosa fa il leone? Il leone cammina.		L'animale, l'acqua, il cielo, la terra.	

1 Ascoltiamo

STORIA: Bianca, Pietro e Togo vogliono divertirsi con la polvere. Togo spiega che è meglio giocare ora perché la polvere ha una durata limitata e prima o poi si esaurisce. Con la polvere i due bambini vorrebbero esaudire un loro grande desiderio, quello di avere un cane. Togo chiede loro cos'è un cane e i bambini spiegano che si tratta semplicemente di un animale. Togo allora prende la polvere e improvvisamente si trovano tutti e tre allo zoo.

CLASSE MONOLINGUE: faccia osservare i pensieri di Togo e chieda ai bambini cosa significano le immagini nella nuvoletta, cosa succederà quando la polvere sarà finita, ecc.

MATERIALE: un calendario in lingua italiana da appendere il classe. Nel caso Le fosse impossibile procurarselo, incolli dei cartoncini con i nomi dei giorni in italiano su un calendario nella Sua lingua.

PREREQUISITI: i bambini devono conoscere il nome dei giorni della settimana e dei mesi dell'anno nella loro lingua.

1.1 Faccia dapprima osservare il disegno e chieda dove si trovano i bambini e che cosa fanno. Introduca il lessico relativo ai giorni: chieda *"Che giorno è oggi?"* indicando il calendario della classe (che avrà in precedenza appeso) e dicendo con i bambini il nome del giorno in cui vi trovate.

1.2 Quindi faccia chiudere il libro e faccia ascoltare una volta il dialogo.

Testo del dialogo:

Togo:	Mmm, che giorno è oggi?
Bianca:	Oggi è sabato, domani è domenica.
Pietro:	Che bello! Domani non andiamo a scuola!

1.3 Faccia riaprire il libro e faccia ascoltare il dialogo un'altra volta seguendo il testo. Chiarisca, con l'aiuto dei gesti e del calendario, il significato del testo, poi passi subito all'ascolto della filastrocca, dato che questa prima attività è introduttiva appunto alla filastrocca, grazie alla quale i bambini apprendono i giorni della settimana.

2 Ascoltiamo la filastrocca

Testo della filastrocca:

> Lunedì e martedì,
> ho un bel pesce, venite qui.
> Mercoledì e giovedì,
> due cavalli in un taxì.
> Venerdì, ma che bello,
> una mucca su un cammello.
> E poi sabato e domenica,
> due bisonti? Sì, in America.

2.1 Faccia ascoltare la filastrocca una prima volta a libro chiuso, accompagnando con i gesti le diverse strofe e facendo battere le mani ai bambini (accentui il battito delle mani sull'accento finale dei giorni).

2.2 Al secondo ascolto, sempre a libro chiuso, mostri le figurine illustrate relative agli animali citati.

2.3 Per il terzo ascolto, a libro aperto, metta in pausa il registratore dopo ogni battuta e faccia ripetere, invitando i bambini a porre attenzione all'intonazione.

2.4 Infine divida la classe in due gruppi e faccia ripetere la filastrocca: un gruppo ripete i giorni della settimana, mentre l'altro ripete la rimanente parte delle strofe.

2.5 Al termine faccia cambiare i ruoli, in modo che tutti i bambini ripetano i giorni della settimana.

3 il campionato dei ricordi: settima partita
Che cosa c'è sotto il tovagliolo?

Quest'attività, in cui viene ripreso il lessico relativo al cibo (vedi unità 5), è preparatoria all'attività successiva, dove si riutilizzano i giorni della settimana.

L'attività è inserita nel campionato dei ricordi. I bambini giocano individualmente: riempiono gli spazi vuoti e scoprono quale piatto è nascosto dietro ciascun tovagliolo. Vince cinque punti chi completa perfettamente tutte le parole, ne vince due chi sbaglia una parola, nessuno chi sbaglia due o più parole.

Al termine, predisponga il solito cartellone riassuntivo della partita: essendo quest'attività già preparata sul libro dello studente, non è possibile appendere i soliti fogli dei bambini. In questo caso scriva Lei sul cartellone del campionato l'elenco degli alimenti (in modo che i bambini possano poi correggere gli eventuali errori sul loro libro) ed eventualmente vi scriva di fianco il nome dei bambini che hanno ottenuto il punteggio massimo.

Chiavi:
1 Pizza, 2 Prosciutto, 3 Pane, 4 Formaggio, 5 Pesce, 6 Pasta, 7 Cioccolato.

4 Che cosa mangia Pietro?

PREREQUISITI: i bambini devono saper completare una tabella in base a informazioni date.

4.1 Faccia osservare quanto hanno scritto nell'attività precedente e faccia ascoltare la cassetta, in modo che i bambini completino la tabella.

Testo della cassetta:

Togo:	Che cosa mangia Pietro?
Bianca:	Lunedì mangia la pizza.
	Martedì mangia il prosciutto.
	Mercoledì mangia il pane.
	Giovedì mangia il formaggio.
	Venerdì mangia il pesce.
	Sabato mangia la pasta.
	Domenica mangia il cioccolato.

4.2 Faccia ascoltare la cassetta più volte, lasciando un intervallo di tempo tra un ascolto e l'altro, in modo che i bambini possano scrivere.

4.3 Come verifica dell'attività, i bambini lavorano a coppie, e uno chiede all'altro: "*Che cosa mangia Pietro?*" e l'altro risponde "*Lunedì mangia la pizza*", e così via per tutti i giorni della settimana.

4.4 Al termine, per confermare l'esattezza di quello che è stato ascoltato e scritto, chieda Lei ai bambini "*Che cosa mangia Pietro?*".

5 Ascoltiamo ancora

CLASSE MONOLINGUE: chieda ai bambini perché secondo loro Bianca è triste e perché Togo ha quest'espressione dubbiosa. Domandi dove vanno i tre personaggi e faccia fare loro supposizioni riguardanti il luogo verso cui stanno andando. Chieda anche se qualcuno ha un animale e di che animale si tratta: potrebbe scriverne i nomi alla lavagna nella loro lingua e successivamente confrontarli con la lingua italiana.

Testo del dialogo:

Pietro:	Bianca che cos'hai?
Bianca:	Sono triste, voglio un cane.
Togo:	Un cane? che cos'è?
Pietro:	Che cos'è? Un animale! Fa bau bau.
Togo:	Ho capito: andiamo!

5.1 Prima di far ascoltare il dialogo, che ha lo scopo di motivare e incuriosire i bambini verso i nuovi contenuti lessicali (gli animali), faccia osservare il disegno e provi a chiedere, indicando il cane, se qualcuno ha un cane. Qualcuno risponderà in modo affermativo, nel qual caso potrebbe proseguire chiedendo il nome del cane, l'età, che cosa mangia ecc., cioè ponga domande riprendendo strutture già conosciute dai bambini.

5.2 Faccia ascoltare il dialogo una volta per esteso, mimando le parole e le espressioni ("*sono triste*").

5.3 Divida la classe a gruppi di tre. Ogni bambino deve scegliere un personaggio.

5.4 Faccia riascoltare il dialogo e faccia seguire il testo in modo che ognuno comprenda la propria parte.

5.5 Faccia rappresentare il dialogo alla classe, concedendo prima il tempo per riprovarlo a gruppi.

6 Cantiamo

Testo della canzone:

Questo è un cane, quello è un gatto,
questo invece è un bambino,
quello dietro è un topolino,
cioè un topo piccolino.
Un serpente, un coccodrillo,
sono sotto un elefante,

	che cammina piano piano,
	che elegante, che elegante!
	Ma dov'è la tartaruga?
	Sopra, sotto, dietro, dentro.
	Non lo so. Ah sì un momento!
	Dentro un vaso, eccola qua.

6.1 Faccia ascoltare la canzone a libro chiuso e inizi a battere le mani, dando il ritmo ai bambini.

6.2 Al secondo ascolto (sempre a libro chiuso) faccia ancora battere le mani ai bambini e mostri nel contempo le figurine illustrate relative agli animali citati.

6.3 Per il terzo ascolto disponga a caso nella classe le figurine illustrate relative agli animali citati e inviti i bambini a indicarle nel momento in cui le sentono cantare.

6.4 Infine faccia cantare i bambini a libro aperto, ripetendo quest'attività a Sua discrezione e in base al grado di attenzione dei bambini stessi.

7 Ascoltiamo

In questa attività incoraggi i bambini a usare anche le preposizioni di luogo già acquisite in precedenza per poter riutilizzare il lessico già visto (preposizioni e lessico della classe) in un contesto nuovo.

Testo :

Togo:	Che animale è questo? *[si sente, vicino, il verso dell'elefante]*
Pietro:	Questo è un elefante.
Togo:	Che animale è quello? *[si sente, lontano, il verso del cane]*
Bianca:	Quello è un cane.
Togo:	Che animale è quello? *[si sente, lontano, il verso del gatto]*
Pietro:	Quello è un gatto.
Togo:	Che animale è questo? *[si sente, vicino, il verso del leone]*
Bianca:	Questo è un leone.

7.1 Faccia ascoltare il dialogo a libro chiuso battuta per battuta, interrompendo la cassetta ogni volta che si sente il verso di un animale, cercando di far indovinare i bambini. I bambini, se non ricordano o non sanno il nome in italiano, possono rispondere nella loro lingua. Lei poi chieda *"come si dice"* (ad esempio) *"elephant" in italiano?"*. A questo punto può far ascoltare le risposte di Pietro o di Bianca.

Faccia infine ascoltare il dialogo in modo completo.

7.2 Sempre a libro chiuso e mostri le figurine illustrate relative agli animali citati nel testo della canzone e nel dialogo, ripetendone il nome "*Questo è l'elefante*", ecc.

7.3 Proceda a un ascolto a libro aperto, in modo che i bambini verifichino dalle immagini quanto hanno ascoltato.

7.4 Disponga le figurine nella classe (sopra un banco, sotto la cattedra ecc.) in modo da usare le preposizioni "sopra, sotto, dietro e dentro" e chieda ai bambini: "*dov'è il/la………(nome dell'animale)*".

7.5 Una volta che i bambini hanno memorizzato i nomi degli animali riprenda le figurine e ne disponga alcune vicino a Lei altre lontano, quindi chieda mostrandole: "*Che cos'è questo?/quello?*"

8 indoviniamo

Questa attività, spesso incontrata nel testo, è molto utile, oltre che per elicitare il nuovo lessico, anche per educare all'ascolto e quindi concentrarsi su ciò che viene comunicato o in parole o in musica.
Faccia ascoltare la cassetta più di una volta, in modo da incoraggiare anche chi ha maggiore difficoltà nel prestare attenzione, cercando di offrire la possibilità di costruire gradualmente una buona predisposizione all'ascolto.
Faccia ascoltare la cassetta su cui sono registrati i versi di alcuni animali conosciuti *(leone, cane, gatto, elefante, pappagallo, mucca, cavallo)*; inviti i bambini a indovinare di quali animali si tratta. Ponga la domanda "*Che animale è?*"

9 Come fa il cane?

A questo punto, nella casetta, si ascolta la domanda: "*come fa il…*" e il nome degli animali dell'attività precedente. Al termine della domanda c'è una pausa che permette ai bambini di ripetere il verso, quindi si ascolta di nuovo il verso dell'animale in questione.

10 Ascoltiamo e leggiamo

CLASSE MONOLINGUE: chieda ai bambini il significato del disegno: perché Togo ricorda gli animali in quel modo?

Testo del dialogo:

Togo:	Ma questa non è la loro casa! Il leone viene dall'Africa, l'orso bianco viene dal Polo Nord, il canguro viene dall'Australia, il panda viene dalla Cina, il bisonte viene dall'America, il pappagallo viene dal Brasile.

10.1 Faccia ascoltare il testo a libro chiuso e chieda ai bambini di dire quali animali sentono.

10.2 Proceda a un secondo ascolto di verifica e poi scriva alla lavagna "*Da dove viene il leone*" e così via per gli altri animali.

10.3 Faccia poi ascoltare il dialogo a libro aperto, in modo che i bambini si rendano bene conto di quello che hanno sentito e verifichino la correttezza di quello che hanno risposto.

11 Da dove viene?

Faccia collegare l'immagine dell'animale a quella del paese di provenienza, poi faccia completare le frasi del testo.

1 Il leone viene dall'..................   **CHIAVI:**
2 Il canguro viene ....   (Africa)
3 L'orso bianco ....   (dall'Australia)
4 Il panda ....   (viene dal Polo Nord)
5 ...pappagallo ....   (viene dalla Cina)
6 Il .... viene....................   (Il; viene dal Brasile)
                                                      (bisonte, dall'America)

12 Dov'è la sua casa?

PREREQUISITI: i bambini devono riconoscere e saper classificare gli animali in base all'ambiente naturale in cui vivono (terra, cielo, acqua).

12.1 Faccia osservare le immagini alle pagine XXIV, XXV e XXVI degli allegati e dica ai bambini di collegare l'animale all'ambiente in cui vive, cioè di scrivere il nome dell'animale nella sezione apposita. Quindi faccia leggere quello che è stato scritto.

12.2 Dopo che avranno scritto il nome dell'animale nell'apposito spazio, i bambini dovranno tagliare le figurine servite per l'attività e incollarle nel loro dizionario illustrato, nel quale le pagine per gli animali saranno suddivise in animali di cielo, di terra e di mare. Prima di far incollare le figurine però, al fine di far memorizzare meglio il nome di certi animali (molti compaiono per la prima volta proprio nel dizionario illustrato) può invitare i bambini a disegnare una cartella della tombola, sulla quale posizionano sei delle immagini appena tagliate. Il gioco può essere ripetuto a Sua discrezione.
Al termine i bambini possono incollare le immagini sul dizionario illustrato.

13 Cosa fa il leone?

13.1 Prima di far scrivere, spieghi il significato dei verbi mimandone l'azione.

13.2 A questo punto i bambini devono scrivere il nome degli animali che camminano che volano e che nuotano nei vari insiemi. Questa prima sezione dell'attività rappresenta in parte una ripetizione dell'attività precedente, ma è comunque utile (oltre a ripetere e memorizzare meglio il nome degli animali) perché permette di classificare gli animali non solo in base all'ambiente in cui vivono, ma anche sulla base delle loro caratteristiche fisiche. In tal modo si può anche introdurre la differenza tra la prima e la terza persona singolare dei verbi in questione. Al termine della classificazione faccia rapidamente leggere quello che i bambini hanno scritto.

13.3 Faccia scrivere le frasi come nell'esempio: prima i bambini suddividono gli animali, poi scrivono le frasi con i verbi alla terza persona singolare e infine le leggono.

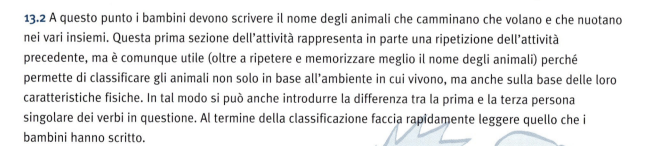

14 Indoviniamo

Disponga i bambini in coppia. Un bambino scrive su un foglio il nome dell'animale e l'altro deve indovinare di che animale si tratta.

Provi prima Lei con un bambino, in modo da fornire l'esempio per le domande da porre.
Modello di domande:
Da dove viene?
Vola, cammina, nuota?
Di che colore è? Ecc.

15 Attenzione, sì o no?

Faccia osservare le immagini e, se possibile, le faccia descrivere, dando Lei l'esempio.

I bambini leggono poi le diverse espressioni e scelgono se ciò che è scritto è vero o falso.

	CHIAVI
Oggi è lunedì 20 Marzo	NO
Il cane è nero	SÌ
L'orso viene dall'Italia	NO
Il pesce nuota	SÌ
Il pappagallo viene dal Brasile	SÌ
Togo è triste	NO
Il formaggio è sopra il tavolo	SÌ
Il bambino è in salotto	NO
Oggi è domenica, io vado a scuola	NO

Alla fine i bambini lavorano a coppie, correggendosi le risposte. In questa fase intervenga solamente se Le viene richiesto e cerchi di far ragionare i bambini sulle risposte giuste. Alla fine può effettuare una correzione generale, facendo leggere le risposte ed eventualmente chiedendo perché occorreva rispondere in quel modo.

CIVILTÀ 2 GLI ANIMALI IN ITALIA

1 Ascoltiamo e scriviamo

CLASSE MONOLINGUE: inizi partendo dal vissuto dei bambini, ponendo domande del tipo "*Che animali avete o vorreste avere a casa?*" "*Perché?*" ecc. Guardi le fotografie del testo e chieda se conoscono gli animali rappresentati, dove vivono, che cosa mangiano, ecc. Faccia in modo che i bambini comprendano la differenza tra i termini "*domestico*" e "*selvatico*".

PREREQUISITI: saper operare un confronto tra animali domestici e selvatici e sapere indicativamente dove vivono.

Testo dell'ascolto:

Bianca:	Togo questo è un cane, un animale domestico: vive in casa o in giardino.
Togo:	Sì, lo conosco.
Togo:	E quello?
Bianca:	Quello è un cinghiale, un animale selvatico: vive nel bosco.
Togo:	E questo che cos'è?
Bianca:	Questo è un cavallo, vive nella stalla.
Togo:	Un lupo!!!
Bianca:	Sì, un lupo. Vive in montagna.
Togo:	È un leone?
Bianca:	No, questo è un gatto: vive in casa.

Faccia ascoltare il dialogo tra i due bambini, a libro chiuso, e chieda animali riescono a sentire.

Testo da completare:

Bianca:	Togo questo è un _____, un animale domestico: vive in casa o in giardino.
Togo:	Sì, lo conosco.
Togo :	E quello?
Bianca:	Quello è un _____, un animale selvatico: vive nel bosco.

Togo:	E questo che cos'è?
Bianca:	Questo è un _____, vive nella stalla.
Togo:	Un _____!
Bianca:	Sì un _____ vive in montagna.
Togo?	È un _____?
Bianca:	No, questo è un _____: vive in casa.

Faccia poi leggere il dialoghi del libro e faccia dire cosa manca.

Faccia ascoltare ancora il dialogo e faccia completare le frasi con i nomi degli animali. Ripeta gli ascolti così da permettere ai bambini di scrivere.

Faccia riascoltare il dialogo per permettere un controllo di quanto è stato scritto, quindi scriva i nomi corretti alla lavagna. Alla fine, se vuole, può fare leggere il dialogo a coppie.

2 Dove vive?

Faccia osservare le foto e chieda come esempio *"Dove vive il cane?"* I bambini conoscono già la parola casa e la parola giardino, per cui riescono a identificare subito la foto, comunque già numerata con il numero 1.

Ponga poi le domande successive, in base all'ordine di ascolto del dialogo, per cui chieda *"Dove vive il cinghiale, il cavallo, il lupo, il gatto?"*. Faccia collegare l'immagine al testo, in modo che i bambini numerino le foto in base all'ordine in cui Lei pone le domande.

Faccia quindi leggere le frasi riportate sotto le immagini e le faccia completare.

Alla fine lasci osservare il dialogo dell'attività precedente, nel quale sono già scritte le parti mancanti, in modo che i bambini completino l'attività. Da ultimo faccia leggere ciò che è stato scritto.

3 E nel tuo paese?

Se ha tempo in classe, oppure come attività a casa, faccia disegnare ai bambini gli animali tipici del loro paese. In classe faccia loro completare le frasi con l'espressione *"questo/a è …* e il nome dell'animale". Nel caso non conoscessero il nome li aiuti scrivendo le frasi corrette alla lavagna.

4 Animali domestici e animali selvatici in Italia

Prima di procedere all'attività faccia osservare le frasi del dialogo in cui si parla di animale domestico e animale selvatico. Faccia in modo che i bambini comprendano questa differenza, quindi faccia loro osservare le foto nel libro dello studente.

Faccia leggere i nomi degli animali e quindi completare la tabella relativa agli animali domestici e selvatici.

Dopo aver completato la tabella faccia aggiungere se vogliono altri animali di cui conoscono il nome (inviti i bambini a osservare il dizionario illustrato).

UNITÀ 8 TOGO ALLO ZOO

FUNZIONI		GRAMMATICA	LESSICO	ABILITÀ TRASVERSALI
Chiedere e esprimere un desiderio e il permesso di compiere un azione.	Che cosa vuoi\vuole fare? Voglio scappare, vuole mangiare.	Le tre persone singolari del verbo *volere* + un verbo all'infinito.	I verbi: andare, ascoltare, bere, cacciare, cantare, colorare, dormire, giocare, guardare, mangiare, leggere, nuotare, restare, saltare, scappare, scrivere, vivere, volare, volere.	- formulare ipotesi, fare previsioni e verificarle, - ascoltare e comprendere attraverso il registratore e l'immagine, - leggere e comprendere informazioni, - ripetere canzoni e filastrocche, - utilizzare il linguaggio gestuale, - drammatizzare, - distinguere suoni, - decifrare anagrammi, - riordinare immagini in successione temporale, - trasferire dati, - riflettere sui meccanismi della lingua e della comunicazione.
Chiedere e dare informazioni sulle qualità di persone e cose.	Com'è? Lui è alto. Chi è alto? Il numero 2.	La preposizione articolata *del*.		
Chiedere e indicare l'ubicazione di q.sa o q.no. Rispondere negativamente.	C'è un elefante grasso? Sì c'è, è dietro la gabbia del canguro. No, non c'è.	L'aggettivo maschile e femminile in *-o* e *–a*.		
Chiedere di e descrivere un'azione.	Che cosa fa il leone? Il leone piange.	L'articolo indeterminativo *un\una*.		
Chiedere il perché di un'azione e rispondere.	Perché piangi? Perché sto male.		Aggettivi: alto, basso, bello, brutto, chiuso, libero, magro, grasso.	

1 Il campionato dei ricordi: ottava partita

Prima di iniziare la nuova unità, proceda a una fase di riscaldamento, proponendo una nuova gara del campionato dei ricordi. Divida la classe in squadre di 4 bambini e faccia ascoltare la casetta, nella quale prima si ascolta un dialogo (con le relative attività indicate più avanti) e successivamente vengono riprodotti i versi di alcuni animali (leone, cane, gatto, elefante, pappagallo, mucca, cavallo). I bambini dovranno scrivere il nome dell'animale e la sua provenienza. Faccia scrivere le frasi su un foglio, assegni un punto a ogni risposta corretta e infine mostri le forme corrette delle frasi scrivendole nel cartellone riassuntivo della gara e incollando di fianco anche i fogli delle squadre.

Dialogo iniziale:

	Si sente prima il verso del leone:
Bianca:	Che animale è?
Pietro:	È il leone, viene dall'Africa.
	Si sente il cane
Bianca:	E questo?
Pietro:	È il cane. Viene dall'Italia, dall'Africa, dall'America... è in tutto il mondo.

1.1 Tenendo il libro chiuso, faccia ascoltare il verso del leone, quindi chieda *"Che animale è?"*. Successivamente chieda *"Da dove viene?"*. Faccia ascoltare la risposta di Pietro poi proceda allo stesso modo con il cane: i bambini non conosceranno la sua provenienza, quindi faccia ascoltare *"Il cane viene dall'Italia, dall'Africa, dall'America... è in tutto il mondo!"*. Ribadisca allora la domanda *"Dov'è il cane?... Da dove viene?"* fingendo di non aver capito la risposta di Pietro e infine faccia capire a gesti il significato dell'espressione *"è in tutto il mondo"*.

1.2 Faccia ascoltare il dialogo tenendo ancora il libro chiuso, tenga il Suo libro sollevato e mostri il luogo di provenienza degli animali citati.

1.3 Faccia infine ascoltare ancora una volta il dialogo, ma a libro aperto, così da verificare quanto affermato dai bambini.

1.4 Prosegua nell'ascolto della cassetta e faccia ascoltare poi il verso di tutti gli animali, quindi li faccia ascoltare uno alla volta, facendo rispondere alle domande *"Che animale è?"* e *"Da dove viene?"* (Le scriva alla lavagna), procedendo così all'attività prevista da questa partita del campionato dei ricordi.

2 Ascoltiamo

CLASSE MONOLINGUE: chieda ai bambini di fare previsioni sul proseguimento della storia.

STORIA: Togo e i suoi amici sono seduti allo zoo e vedono passare un cane nero con il petto bianco. Togo gli chiede dove va e il cane risponde che vuole fuggire da un padrone cattivo che lo tiene chiuso in gabbia. I bambini allora invitano il cane Poldo a fuggire con loro.

Testo del dialogo

Togo:	Dove vai?
Cane Poldo:	Il mio padrone è cattivo. Voglio scappare. Voglio vivere libero. Non voglio restare chiuso in gabbia.
Bambini:	Vieni con noi!

2.1 Faccia ascoltare il dialogo una volta, seguendo e mimando il testo e i disegni.

2.2 Successivamente cerchi di mimare le parole del cane facendole leggere e ripetere ai bambini. Ad esempio: dopo aver enunciato la domanda "*Dove vai?*" dica "*Voglio....*" e mimi una fuga, invitando i bambini a dire "*...scappare*". Allo stesso modo mimi le altre due azioni descritte dal cane, facendo attenzione a porre l'accento sulla negazione "*non voglio*".

3 Ascoltiamo e giochiamo

Dialogo:

Togo:	Che cosa vuoi fare?
Bianca:	Voglio ... (si sente Bianca che russa)
Togo:	Dormire!
Bianca:	Giusto, voglio dormire!

3.1 Faccia ascoltare il dialogo a libro chiuso e chieda chi sono i personaggi che parlano: è un modo per far ascoltare il dialogo una prima volta assegnando un compito specifico.

3.2 Chieda poi che cosa vuole fare Bianca, facendo riascoltare il dialogo a libro chiuso.

3.3 Faccia ascoltare il dialogo a libro aperto e lo faccia successivamente drammatizzare da alcune coppie di bambini.

3.4 Faccia ora lavorare i bambini a coppie. Dia loro alcuni biglietti che ha precedentemente preparato (1 serie di biglietti per ogni coppia di bambini) sui quali deve avere scritto il verbo da far mimare (scelga tra i verbi che i bambini già conoscono: *scrivere, leggere, disegnare, mangiare, dormire, ecc.*). Mostri ai bambini, come esempio, un biglietto con il verbo "*scrivere*", quindi si rivolga a un bambino e chieda "*Che cosa vuoi fare?*" accentuando l'intonazione della domanda e risponda dicendo "*voglio...*" e mimi la scrittura, invitandolo a ripetere "*scrivere*". Ripeta quindi "*Giusto, voglio scrivere*", scrivendo la frase alla lavagna. Faccia poi lavorare liberamente i bambini a coppie: un bambino chiede "*Che cosa vuoi fare?*" a un secondo che mima dicendo "*Voglio...*" e il primo indovina il verbo all'infinito. Poi si scambiano i ruoli.

3.2 Ripeta il gioco con un solo bambino, gli dia un biglietto con un verbo (es. *mangiare*) e glielo faccia mimare. Chieda poi ai bambini: "*Che cosa vuole fare?*" rispondendo come esempio "*Lui/lei vuole mangiare*". A turno faccia mimare un bambino chiedendo alla classe "*Che cosa vuole fare?*", poi scriva le due frasi alla lavagna, in modo che abbiano chiara la forma del verbo *volere* alla terza persona. Infine ripeta l'attività facendo però porre le domande ai bambini stessi.

4 Scriviamo e ascoltiamo

STORIA: mentre i bambini camminano per lo zoo vedono arrivare il padrone del cane. A quel punto i bambini fuggono con il cane.

Testo da ascoltare:

Padrone del cane:	Poldo, vieni qui!
Bambini in coro:	Scappiamo

4.1 Faccia osservare il disegno ai bambini, quindi li inviti a prevedere e di conseguenza a scrivere a matita sul loro libro cosa diranno i personaggi. Innanzitutto chieda "*Chi è?*", indicando il padrone del cane (la parola padrone è già apparsa nel dialogo precedente).

4.2 Dopo che tutti, a matita, avranno scritto il dialogo nelle nuvolette, faccia loro leggere cosa hanno scritto (in caso di una classe numerosa lo faccia leggere solo ad alcuni e passi per i banchi per verificare cosa hanno scritto gli altri).

4.3 Infine faccia ascoltare la cassetta e faccia scrivere ciò che viene detto. Scriva poi il dialogo alla lavagna, in modo da permettere di verificare la correttezza, anche grafica, di quanto è stato scritto.

5 Dove sono Togo, Pietro, Bianca e Poldo?

CLASSE MONOLINGUE: chieda ai bambini chi sono gli altri personaggi disegnati vicino al padrone del cane (si tratta dei guardiani dello zoo). Faccia prevedere come si svilupperà la storia.

PREREQUISITI: saper riordinare una successione di immagini in base a una descrizione orale; saper numerare.

Testo (che non compare sul libro dello studente)

coro dei guardiani e del padrone di Poldo:

> Attenzione, attenzione,
> sotto i baffi del leone.
> Sono sicuro, sono sicuro,
> dietro la coda del canguro.
> Una mano, una mano,
> sopra il becco del tucano.
> Dietro il monte, dietro il monte
> dentro l'acqua del bisonte.
> Fanno un ballo, fanno un ballo
> sopra il fieno del cavallo.

5.1 Faccia ascoltare la filastrocca una volta a libro chiuso, chiedendo prima ai bambini di cercare di capire il nome di qualche animale.

5.2 Faccia poi osservare ai bambini con attenzione le vignette che rappresentano la filastrocca, chiedendo di riconoscere il nome degli animali rappresentati (Chieda: "*Questo che cos'è, che animale è?*" ecc.)

5.3 Faccia quindi ascoltare nuovamente la filastrocca a libro aperto e faccia numerare le immagini in base all'ordine di ascolto.

6 Troviamo le parole

6.1 I bambini devono associare la frase e il disegno, poi scrivere la frase corretta nell'apposito spazio.

6.2 Quando tutte le vignette saranno completate, ripeta la filastrocca assieme ai bambini. Lei dica la prima parte della strofa (es. "*attenzione, attenzione*") e i bambini ripetono la seconda parte ("*sotto i baffi del leone*").
Se lo ritiene necessario, o se Le viene richiesto dai bambini stessi, può scrivere l'intera filastrocca alla lavagna e farla copiare.

7 Ascoltiamo

STORIA: nella fuga i bambini scappano dentro la gabbia del leone, che li aiuta a nascondersi. Successivamente il leone chiede di fuggire con loro, scatenando una reazione a catena in tutti gli animali dello zoo.

Dialogo:

Poldo:	Attenzione, il mio padrone.
Leone:	I guardiani dello zoo:
	uno è alto, uno è basso,
	uno è brutto, uno è bello,
	uno è grasso, uno è magro.

7.1 Durante la fase di ascolto del dialogo è estremamente importante la Sua mimica: infatti deve far comprendere attraverso i Suoi gesti e le Sue espressioni il significato degli aggettivi enunciati dal leone. Ripeta quindi l'ascolto e la mimica un paio di volte, fino a quando non sarà chiaro il significato degli aggettivi. A tal fine può anche interrompere l'ascolto e mimare gli aggettivi uno ad uno. Dopo un paio di ascolti può invitare i bambini a mimare loro stessi le caratteristiche fisiche dei personaggi.

7.2 Chieda infine: "*Chi è alto?*", "*Chi è basso?*", ecc., e faccia dire ai bambini il numero del personaggio corrispondente.

8 Com'è?

8.1 Mimi un aggettivo e inviti i bambini a ripetere l'aggettivo corrispondente.

8.2 Dopo questa prima fase, inviti un bambino a mimare e alla classe domandi "*com'è?*", dando l'esempio della risposta "*(lui) è alto*". Ripeta il gioco alcune volte, quindi chiami a giocare una bambina e verifichi se qualcuno è in grado di variare l'aggettivo dal maschile al femminile. Faccia quindi notare la differenza tra l'aggettivo maschile e quello femminile, accentuando la desinenze "*-o*" e "*-a*" (mentre indica un maschio e una femmina).

8.3 Prepari un altro cartellone con le stesse immagini usate in quello per la distinzione tra maschile e femminile, lasciando però uno spazio centrale in cui andranno scritti gli aggettivi in *-e*. Scriva l'aggettivo "*alto*" (o un altro a Sua scelta) dalla parte del maschile e "*alta*" dalla parte del femminile. Quindi elenchi gli aggettivi maschili e inviti i bambini a ripetere i corrispondenti femminili, che Lei scriverà sotto indicazione dei bambini stessi.

9 Troviamo la parola

Esempio: Lui è LATO = Lui è alto.

CHIAVI:
LUI\LEI è basso\a
LUI\LEI è magro\a
LUI\LEI è grasso\a
LUI\LEI è bello\a
LUI\LEI I è brutto\a

9.1 Seguendo l'esempio, inviti i bambini a decifrare gli anagrammi e a scrivere gli aggettivi corretti.

9.2 Faccia poi trasformare le frasi al femminile.

9.3 Inviti leggere quanto è stato scritto.

10 Troviamo gli animali. C'è o non c'è?

10.1 Inviti i bambini a osservare bene il disegno, poi legga la prima domanda (accentuando la mimica su "*c'è*") e dica di cercare il pappagallo giallo. Faccia leggere la risposta e individui il pappagallo nel disegno. Allo stesso modo proceda con la seconda domanda, accentuando anche qui l'enfasi sul "*non c'è*".

Esempio sul libro dello studente:

C'è un pappagallo giallo?	...Sì, c'è, è dentro la gabbia del leone......
C'è una balena rossa?	...No, non c'è..................................

Domande e relative chiavi, che non compaiono sul libro dello studente:

C'è un elefante grasso?	...Sì, c'è, è dietro la gabbia del canguro.
C'è una tartaruga nera?	...No, non c'è.
C'è un cavallo nero?	...Sì, c'è, è dentro la gabbia del cammello.
C'è una mucca piccola?	...Sì, c'è, è sopra la gabbia del coccodrillo.
C'è un bisonte magro?	...No, non c'è.
C'è un serpente bianco?	...Sì, c'è, è sotto la gabbia del leone.
C'è una giraffa alta?	...Sì, c'è, è dietro la gabbia del serpente.

10.2 Faccia leggere le domande del libro dello studente, poi inviti i bambini a cercare gli animali e a scrivere le risposte. I bambini possono lavorare a coppie.

10.3 Quando i bambini hanno finito di scrivere, faccia leggere quanto è stato scritto e scriva a sua volta le risposte corrette alla lavagna.

10.4 Torni poi al libro di testo e inviti i bambini a osservare nuovamente le domande. Chieda cosa notano di particolare, stimolando a porre l'attenzione sulle desinenze e sull'articolo indeterminativo. Lasci osservare le frasi poi chieda, indicando gli articoli indeterminativi, *"Perché scrivo un?"* oppure *"Perché scrivo una?"*. I bambini riusciranno a capire la differenza tra l'articolo femminile e quello maschile, anche se non potranno esprimere il concetto con termini grammaticalmente corretti. Non ha importanza. Per il momento è sufficiente che analizzino l'articolo (che hanno già spesso incontrato) e che ne conoscano le differenze presentate, dato che si tornerà su questo argomento anche nella prosecuzione del corso, seppure in modo sempre concreto e mai in termini astratti.

Al fine di verificare la comprensione della differenza tra *un* e *una* può far osservare il cartellone dl maschile e del femminile chiedendo di sostituire l'articolo determinativo già scritto con quello indeterminativo.

11 Che cosa fa il leone?

Immagini di espressioni opposte:

il leone piange	il leone ride
il leone sta bene	il leone sta male
il leone vuole scappare	il leone vuole restare

11.1 Faccia osservare le vignette e chieda cosa fa il leone.

11.2 Faccia leggere ai bambini le frasi scritte a caso sotto le vignette e li inviti a collegarle alle immagini corrispondenti.

11.3 Chiami a turno un bambino e gli faccia impersonare il leone. Dica ad esempio: *"Il leone ride"* e il bambino deve ridere, e così via a Sua discrezione.

12 Scriviamo che cosa fa Togo

12.1 Faccia ripetere oralmente ai bambini che cosa sta facendo Togo, quindi glielo faccia scrivere. A coppie i bambini controllano quello che hanno scritto, poi lo leggono alla classe.

13 Ascoltiamo

CLASSE MONOLINGUE: chieda ai bambini che cosa dirà adesso il leone.

Testo del dialogo:

Bianca al leone:	Perché piangi?
Leone:	Perché sto male in questa gabbia. Voglio scappare con voi.
Togo:	Vieni con noi.
Animali in coro:	Anche noi vogliamo scappare con voi!.
Bambini:	Andiamo.

CLASSE MONOLINGUE: dopo aver fatto ascoltare il dialogo faccia osservare i disegni e faccia dire ai bambini, nella loro lingua madre, cosa sta succedendo.

13.1 Prima dell'ascolto dica ai bambini di fare attenzione all'espressione del leone e chieda perché piange.

13.2 Faccia ascoltare il dialogo a libro aperto, facendo notare l'espressione "*noi vogliamo*" e l'imperativo "*andiamo*" della pagina successiva: la forma della prima persona plurale è molto conosciuta perché usata nelle consegne di questo libro, ma qui è usata da un soggetto visibile sul testo, per cui merita attenzione.

13.3 Passi poi all'attività 14, facendo lavorare i bambini individualmente o a coppie.

14 Sì o no?

Faccia leggere le frasi e rispondere barrando il quadratino.

CHIAVI:	SI'	NO
Il leone sta bene allo zoo.		X
Il leone sta male nella gabbia.	X	
Il leone vuole scappare con i bambini.	X	

La foca non va con i bambini.		X
Il canguro va con i bambini.	X	
Il pappagallo dorme.		X
La foca mangia.		X

Poi faccia loro leggere il dialogo e cerchi di far capire il significato delle parole: corregga oralmente l'attività facendo possibilmente spiegare il motivo delle risposte.

15 Cantiamo

Testo della canzone:

Bambini:	Cara amica foca, dove vuoi andare?
Foca:	Voglio andare al Polo Nord.
Bambini:	Perché, perché, perché ci vuoi andare?
Foca:	Perché nell'acqua fredda voglio nuotare.
Bambini:	Amico canguro, dove vuoi andare?
Canguro:	Voglio andare in Australia.
Bambini:	Perché, perché, perché ci vuoi andare?
Canguro:	Perché nei prati verdi voglio saltare.
Bambini:	Amico leone, dove vuoi andare?
Leone:	Voglio andare in Africa.
Bambini:	Perché, perché, perché, perché ci vuoi andare?
Leone:	Perché nella savana voglio cacciare.
Bambini:	Amico pappagallo, dove vuoi andare?
Pappagallo:	Voglio andare in Brasile.
Bambini:	Perché, perché, perché ci vuoi andare?
Pappagallo:	Perché sulla foresta voglio volare.

15.1 Faccia ascoltare una prima volta la canzone a libro chiuso, chiedendo di individuare gli animali che cantano.

15.2 Faccia poi osservare le immagini della canzone e chieda ai bambini che cosa vogliono fare, secondo loro, gli animali rappresentati.

15.3 Faccia ascoltare la canzone un'altra volta a libro chiuso, mimando i verbi che esprimono i desideri degli animali.

15.4 Proceda poi a un nuovo ascolto a libro aperto, strofa per strofa, invitando i bambini a mimare loro stessi i verbi.

15.5 A questo punto faccia cantare i bambini in coro, seguendo le parole sul testo.

15.6 Infine divida la classe in 5 gruppi, relativi ai bambini e agli animali, e provi a fare loro cantare la canzone e mimare i verbi.

16 Che cosa vuole fare?

16.1 Prima di procedere allo svolgimento di questa attività scritta, provi a chiedere oralmente ai bambini che cosa vogliono fare i diversi personaggi raffigurati nelle vignette.

16.2 Inviti poi i bambini a completare le frasi scegliendo uno dei verbi riportati in fondo.

CHIAVI:

Il leone vuole cacciare nella savana.
La foca vuole nuotare nell'acqua fredda.
Il canguro vuole saltare nei prati verdi.
Il pappagallo vuole volare sopra gli alberi.
Pietro vuole mangiare la torta.
Togo vuole dormire sopra il letto.
Bianca vuole cantare una canzone.
Poldo vuole giocare con la palla.

NOTA BENE:

Le due attività successive sono state introdotte al termine di questa unità, come momento di scrittura, lettura e riepilogo dei verbi. Nel caso la Sua programmazione o i tempi delle Sue lezioni non lo permettessero, può far eseguire le stesse attività durante lo svolgimento dell'unità 9 e, più precisamente (è un consiglio), all'inizio dell'unità, dopo la partita del campionato dei ricordi, in una fase cioè dove si riporta alla mente dei bambini ciò che è stato fatto nell'unità precedente.

17 Il dizionario illustrato

Faccia completare la didascalia sul libro dello studente, poi vada alle pagine XXVII e XXVIII degli allegati e faccia completare tutte le didascalie dei verbi.

18 Giochiamo a tombola

Dopo che i bambini avranno scritto tutti i verbi, potranno ritagliare le immagini e, prima di incollarle sul loro vocabolario illustrato, possono giocare a tombola con i verbi. Ormai i bambini sanno giocare, quindi li faccia lavorare autonomamente (si preparano le cartelle su un foglio, a turno uno sorteggia e gli altri giocano).

UNITÀ 9 TOGO PORTA A CASA GLI ANIMALI

FUNZIONI		GRAMMATICA	LESSICO	ABILITÀ TRASVERSALI
Chiedere e dare o negare il permesso per fare qualcosa.	Posso scendere? Sì, va bene. No, non puoi. Sì, puoi scendere.	(verbo *potere* - le tre persone singolari). Le tre persone singolari e la prima plurale dei verbi (*-are, -ere, -ire*) al presente.	Il corpo: la bocca, il braccio, la gamba, la mano, il naso, l'occhio, l'orecchio, il piede, la testa.	- formulare ipotesi fare previsioni e verificarle - ascoltare e comprendere attraverso il registratore e l'immagine, - ripetere canzoni e filastrocche, - memorizzare, - utilizzare il linguaggio gestuale, - drammatizzare, - numerare in base a una successione temporale, - tagliare e incollare, - collegare frasi a immagini date, - associare suoni differenti, - classificare in base a un elemento comune, - riflettere sui meccanismi della lingua e della comunicazione, - cooperare
Riconoscere e dire le parti del corpo.			I numeri da 30 a 100.	
Chiedere e dire con che cosa si può svolgere un'azione fisica.	Con che cosa salti? Con le gambe.	La preposizione *con*.	La risposta. L'astronave.	

Nota preliminare: L'attività 9 di questa unità prevede la preparazione di un pupazzo che rappresenta un coccodrillo. A tale proposito i bambini si devono procurare un po' di materiale da portare in classe, per cui Le consigliamo di anticipare ai bambini stessi cosa si devono procurare (veda appunto il MATERIALE indicato nell'attività 9), così da non dover subire interruzioni nel momento in cui lo stesso materiale sarà necessario.

1 il campionato dei ricordi: nona partita

Prima di procedere all'ascolto del nuovo dialogo, faccia osservare la prima illustrazione dell'attività 2 (uguale a quelle della canzone dell'unità 8) e faccia in modo che i bambini ricordino cosa dicevano i personaggi nell'unità precedente. A tal fine si può effettuare una gara del **campionato dei ricordi** (a squadre di 4 bambini). Faccia prima cantare i bambini senza cassetta, per vedere se ricordano la canzone, poi consegni una fotocopia dell'esercizio cloze riportato qui sotto e inviti i bambini a completare il testo. Faccia quindi ascoltare la canzone, permettendo così ai bambini un controllo di quanto scritto, infine si faccia consegnare il foglio per una verifica. Prima dell'assegnazione dei punti faccia riascoltare la canzone e inviti i bambini a cantare in coro. Assegni quindi i punti (un punto a ogni risposta esatta), quindi appenda i fogli delle risposte nel cartellone riassuntivo del **campionato dei ricordi**.

Testo dell'esercizio, che Lei dovrà fotocopiare e consegnare ai bambini.

Bambini:	Cara amica ...., dove vuoi andare?
Foca:	Voglio andare al Polo Nord.
Bambini:	........................, perché, perché, perché ci vuoi andare?
Foca:	Perché nell'acqua fredda .... nuotare.
Bambini:	Amico ...., dove vuoi andare?
Canguro:	Voglio andare in Australia.
Bambini:	Perché, perché, perché ci .... andare?
Canguro:	Perché nei prati verdi voglio ....
Bambini:	Amico leone, ... vuoi andare?
Leone:	Voglio .... in Africa.
Bambini:	Perché, perché, perché ci vuoi andare?
Leone:	.... nella savana voglio cacciare.
Bambini:	Amico ...., dove vuoi andare?
Pappagallo:	Voglio andare .... Brasile.
Bambini:	Perché, perché, perché ci vuoi andare?
Pappagallo:	Perché sulla foresta voglio ....

2 Ascoltiamo

CLASSE MONOLINGUE: Faccia osservare le illustrazioni e chieda ai bambini come prosegue la storia. Dopo aver sentito le richieste degli animali, i bambini si chiedono:

Testo:

Pietro:	Ma come facciamo?
Risponde Togo:	Ci penso io.

STORIA: i bambini e gli animali partono con l'astronave. Mentre volano, scoprono di essere inseguiti dal padrone del cane e dai guardiani dello zoo, tutti su un elicottero. Se ne accorge Poldo che avverte il gruppo. Togo, con la polvere, provoca delle grosse nuvole nere cariche di pioggia che avvolgono l'elicottero, che si perde dentro al temporale.

Testo

Poldo:	Attenzione, attenzione, arriva il mio padrone.
Leone:	È con i guardiani.
Togo:	Calma, ci penso io.
Poldo:	Evviva, evviva.

2.1 Faccia ascoltare il dialogo una volta senza libro, cercando di enfatizzare con i gesti la preposizione "*con*" e le diverse esclamazioni.

2.2 Faccia ascoltare il dialogo una seconda volta e quindi inviti i bambini a guardare le illustrazioni di questa attività 2 e le domande dell'attività 3 a cui dovranno rispondere.

2.3 Infine disponga i bambini a coppie e li faccia lavorare sulla comprensione del testo seguendo le domande e scegliendo quella corretta.

2.4 Faccia poi riascoltare il testo e osservi con i bambini i disegni una terza volta, così da verificare con loro le risposte.

2.5 In fine faccia leggere le domande e le relative risposte.

3 Scegli la risposta corretta

La risposta corretta è in neretto:

Con chi è Poldo?
Con i bambini   Con il suo padrone   Con gli altri animali e i bambini

Con chi è il padrone di Poldo?
Con Poldo   Con gli animali   **Con i guardiani dello zoo**

Dove sono gli animali?
In un prato   **sull'astronave**   Su una macchina

Che cosa dice Poldo?
Calma   **Evviva**   Ciao

4 Cantiamo

CLASSE MONOLINGUE: chieda ai bambini dove sono gli animali, perché sono felici e come proseguirà la storia.

Testo della canzone:

Orso bianco:	Posso scendere, sono arrivato?
Togo:	Sì, puoi scendere, sei arrivato!
Orso bianco:	Voglio andare tra i ghiacci a nuotare! Vuoi venire anche tu?
Leone:	Posso scendere, sono arrivato?
Togo:	Sì, puoi scendere, sei arrivato!
Leone:	Voglio correre per la savana! Vuoi venire anche tu?
Pappagallo:	Posso scendere, sono arrivato?
Togo:	Sì, puoi scendere, sei arrivato!
Pappagallo:	Voglio volare sulla foresta. Vuoi venire anche tu?
Canguro:	Posso scendere, sono arrivato?
Togo:	Sì, puoi scendere, sei arrivato!
Canguro:	Voglio andare nei prati a saltare. Vuoi venire anche tu?

4.1 Inizi facendo ascoltare una prima volta la canzone a libro chiuso e chieda ai bambini di indovinare quali animali stanno cantando e intanto mimi la richiesta espressa dal verbo *"potere"* e gli infiniti che seguono il verbo *"volere"*.

4.2 A un secondo ascolto ogni bambino dovrà cercare di mimare ciò che comprende (meglio quindi ascoltare strofa per strofa): si tratta di verbi già conosciuti, dato che qui si riprende parte del testo della canzone presentata nell'unità 8. Il leone dice però che vuole correre e non più cacciare. Vedete se i bambini da soli colgono la differenza, altrimenti chieda loro se notano qualche differenza e infine glielo faccia notare.

4.3 Faccia ascoltare la canzone a libro aperto, in modo che vengano confermate o meno le previsioni fatte a libro chiuso.

4.4 Successivamente divida la classe in cinque gruppi, i quali dovranno cantare la canzone: quattro gruppi rappresentano un animale (orso bianco, leone, pappagallo, canguro) e il quinto gruppo rappresenta Togo che dice *"Sì, puoi scendere, sei arrivato"*. Nel caso in cui ci fossero meno bambini, ogni bambino può interpretare più ruoli.

5 Che cosa dice Togo?

MATERIALE: forbici, colla.

CLASSE MONOLINGUE: faccia ragionare i bambini sulle risposte di Togo, soprattutto sul perché non può scendere dall'astronave e non può mangiare il pappagallo.

Si tratta di un'attività (collegata a quella seguente) in cui i bambini devono soprattutto ragionare sulle possibili risposte di Togo. Il disegno mostra l'astronave che vola in alto, per cui il leone non può scendere, così come non può mangiare il pappagallo, che come lui è stato salvato dallo zoo e dai guardiani. Può invece bere l'acqua e mangiare i biscotti. Inviti dunque i bambini a pensare alla risposta, faccia loro formulare ipotesi e infine chieda, ad esempio: *"qui cosa mettiamo, sì o no? Sì, va bene oppure no, non puoi?"* o domande simili. Cerchi, cioè, di mettere in risalto l'alternativa *"può o non può"*, in modo che la prossima forma verbale (attività successiva), sia affermativa che negativa, venga appresa in modo naturale.

Faccia tagliare le nuvolette allegate (pagina XXIX) e le faccia incollare negli spazi corrispondenti. Alla fine faccia leggere i dialoghi completi.

A questo punto passi all'attività successiva.

6 Leggiamo Che cosa può fare il leone?

Faccia leggere e comprendere il titolo dell'attività, quindi faccia completare le frasi.

Chiavi:

Il leone *non può* mangiare il pappagallo.
Il leone *può* mangiare un biscotto.
Il leone *può* bere un po' d'acqua.
Il leone *non può* scendere dall'astronave.

7 Colleghiamo i disegni e le parole

Testo e chiavi:

Bianca:	Vuoi una fetta di torta?
Togo:	Sì, grazie.
Pietro:	Posso bere una Coca Cola?
Togo:	Sì, va bene.
Mamma di Pietro:	Puoi aprire la finestra, per favore?
Pietro:	Va bene, mamma.
Togo:	Che cosa vuole fare il pappagallo?
Bianca:	Vuole volare dalla finestra.
Canguro:	il leone vuole volare.
Togo:	No, non può.

7.1 Faccia osservare i disegni e, prima di leggere le frasi sparse sulla seconda colonna, faccia coprire la colonna con le risposte e faccia prevedere cosa diranno i personaggi corrispondenti alla nuvoletta bianca.

7.2 Faccia collegare le frasi alle nuvolette bianche.

7.3 Faccia riscrivere il testo delle frasi all'interno della nuvoletta, quindi faccia controllare a coppie i diversi dialoghi. Infine, sempre a coppie, faccia leggere i dialoghi ad alta voce.

8 Impariamo la filastrocca

Testo filastrocca

Lillo:	Il mio nome è Lillo e sono un mangiadrillo, tu che animale sei?
Pietro:	Io sono un bambino, ho un naso piccolino, due occhi e una bocca, una mano che ti tocca. Due gambe e due piedi, in basso, non li vedi? La testa dice "Sì" e dice anche "No", perché non provi un po'? Con le orecchie io ti sento e così sono contento!

8.1 Faccia ascoltare la filastrocca una volta a libro chiuso, indicando le parti del corpo che vengono menzionate di volta in volta.

8.2 Al secondo ascolto, a libro aperto, faccia seguire le immagini del testo e provi a mimare la filastrocca, invitando i bambini a fare altrettanto.

8.3 Passi poi all'attività successiva per far loro costruire i pupazzi (si tornerà dopo sulla filastrocca).

9 Facciamo un pupazzo

MATERIALE: calzini verdi, due bottoni neri, un pezzo di stoffa rossa, cartoncini bianchi, puntine ferma carta (che i bambini possono trovare a scuola), colori.

Faccia portare il materiale necessario per costruire il coccodrillo e il bambino che serviranno per drammatizzare la filastrocca e per le attività relative ai verbi.

9.1 Vada a pagina XXX degli allegati, faccia tagliare le diverse parti del corpo e quindi le faccia mettere insieme per realizzare il bambino. Questa fase è molto importante perché Lei dovrà dare istruzioni precise e definire le diverse parti del corpo che si andranno a preparare. Le consigliamo di uniformarsi alle consegne del libro dello studente, con espressioni del tipo: " *tagliamo una gamba*", " *tagliamo un occhio*", "*tagliamo* *l'altra gamba*" ecc. Nel frattempo scriva alla lavagna le corrispondenti parti del corpo, al singolare, precedute dall'articolo determinativo. Dopo che avrete tagliato le parti del corpo, chieda ai bambini dove deve scrivere le parole indicate alla lavagna, cioè in quale parte del tabellone del maschile e del femminile (è un modo per fare ripetere ulteriormente questo lessico).

9.2 Prepari poi il coccodrillo: faccia prendere la calza che dovrà rappresentare il coccodrillo e la faccia riempire di carta appallottolata. Applichi con della colla i bottoni per formare gli occhi, tagli la stoffa rossa come una striscia e la applichi a formare la bocca del coccodrillo. Come per il pupazzo che rappresenta il bambino, proceda invitando i bambini con richieste precise, in cui siano chiari verbi (*"tagliamo, incolliamo, prendiamo i bottoni, ecc."*) e le parti del corpo interessate (*"facciamo la bocca, gli occhi, ecc."*).

In sintesi, questa attività manuale non deve essere fine a se stessa, ma deve coinvolgere il bambino anche dal punto di vista linguistico e cognitivo.

9.3 Al termine torni alla filastrocca, la faccia riascoltare e inviti i bambini a disporsi a coppie e a prendere a turno il ruolo del coccodrillo Lillo e del bambino.

9.4 Inviti poi alcuni bambini a drammatizzare la filastrocca davanti agli altri.

10 il dizionario illustrato

Alla pagina XXXI degli allegati ci sono le immagini relative al corpo. Le faccia completare, quindi incollare sul dizionario illustrato.

11 Rispondiamo

11.1 Prima di eseguire l'attività, legga ad alta voce le domande e mimi i verbi.

11.2 I bambini osservano le figure; quindi leggono le domande e rispondono inserendo la parte del corpo nelle caselle corrispondenti.

		CHIAVI
1	Con che cosa salti?	Con la gamba
2	Con che cosa guardi?	Con l'occhio
3	Con che cosa scrivi?	Con la mano

4 Con che cosa mangi?   Con la bocca
5 Con che cosa respiri?   Con il naso
6 Con che cosa cammini?   Con il piede
7 Con che cosa ascolti?   Con l'orecchio
8 Con che cosa dici no?   Con la testa
9 Con che cosa saluti?   Con il braccio

11.3 Alla fine faccia leggere domande e risposte complete.

12 Ascoltiamo e coloriamo

Testo:

1 Ha un naso rosso e grande, un orecchio giallo, un orecchio rosso, un orecchio nero, un occhio verde, un braccio rosso, un braccio marrone, un braccio nero, un braccio arancione, una gamba gialla, una gamba marrone, un piede piccolo e verde, un piede grande e giallo, una mano grassa e rossa, una mano magra e arancione, una mano piccola e marrone, una mano grande e rossa, una bocca grande e rossa.
2 Ha un naso piccolo e nero, un naso grande e giallo, un occhio rosso, un occhio nero, un braccio grasso e verde, un braccio magro e rosso, un piede giallo, un piede arancione, un piede bianco, un piede nero, una bocca piccola e gialla, una gamba gialla, una gamba nera, una gamba rossa, una gamba bianca, un orecchio grande e rosso, un orecchio piccolo e giallo, una mano gialla e una mano bianca.
3 Ha un naso piccolo e giallo, un occhio rosso, un occhio giallo, un occhio bianco, un occhio verde, un orecchio grande e marrone, un orecchio piccolo e giallo, un braccio grasso e verde, un braccio magro e nero, una mano piccola e rossa, una mano grande e gialla, una bocca piccola e rossa, una bocca grande e gialla, una gamba grande e verde, un piede grande e bianco.

12.1 Faccia osservare le figure dei mostri e le faccia descrivere oralmente, quindi inviti i bambini a proporre un nome per ciascun mostro.

12.2 Faccia ascoltare la descrizione dei tre mostri e numerare le immagini sul libro in base all'ordine di ascolto. Durante l'ascolto veda di mimare bene gli aggettivi "*grande*" e "*piccolo*", dato che è la prima volta che i bambini li incontrano (in realtà l'aggettivo "*piccolino*" si è già visto nella filastrocca dell'attività 8 di questa unità). Il primo ascolto serve per individuare i tre personaggi in base alle caratteristiche fisiche. Gli ascolti successivi sono finalizzati a colorare le parti descritte: dica ai bambini di scrivere a matita, sulla relativa parte del corpo menzionata, il colore necessario, quindi di colorare tutti e tre i personaggi. Il numero di ascolti necessari rimane a Sua discrezione ed è collegato alla velocità dei bambini.
12.3 Infine inviti i bambini a descrivere le varie parti dei mostri ("*Che cos'ha? Ha una gamba gialla, ecc.*"), in modo da far loro usare gli articoli indeterminativi e da far associare aggettivo e sostantivo.

Possibile prosecuzione dell'attività:
Con l'attività 13 si iniziano a osservare più da vicino le forme verbali, quindi sarebbe opportuno iniziare tale attività all'inizio della lezione. Se dunque vi trovaste verso la fine della lezione, con ancora un po' di tempo a disposizione, potete proseguire nel modo seguente:

12.a I bambini lavorano a coppie: ogni bambini scrive a propria scelta le caratteristiche di un mostro e le detta al compagno.

12.b In base alle indicazioni ricevute dal compagno, ogni bambino disegna e colora il proprio mostro e gli attribuisce un nome.

12.c Al termine dell'attività faccia descrivere ad alcuni bambini che cosa hanno disegnato.

12.d Può raccogliere tutti i disegni ed esporli in un cartellone o contro il muro della classe.

13 Ascoltiamo

PREREQUISITI: riconoscere un verbo e il concetto di azione. Saper classificare in base a un elemento comune.

Testo del dialogo:

Pietro:	Ma tu chi sei?
Mangiadrillo:	Sono il mangiadrillo, il coccodrillo che mangia le parole.
Pietro:	Noo, non puoi mangiare le parole.
Pietro:	Uhhh, è vero!
Mangiadrillo:	Io mangio qui.

13.1 Faccia dapprima osservare i disegni e chieda ai bambini che cosa fa il mangiadrillo. Faccia cioè notare che mangia le parole: se qualcuno capisce che mangia la sola desinenza *–are*, scriva tale desinenza sulla lavagna.

13.2 Faccia ascoltare il dialogo almeno due volte e verifichi che i bambini abbiano capito il contenuto, ponendo loro, prima e dopo gli ascolti, domande del tipo "*Chi mangia le parole?*", "*Che cosa mangia il coccodrillo?*" ecc.

13.3 Faccia osservare il disegno della pagina successiva e chieda con chi sono i bambini, che cosa fa il mangiadrillo, che cosa mangia (se tutta la pianta oppure solamente i frutti-desinenza), che cosa sono gli alberi, che cosa rappresentano e altre domande finalizzate all'osservazione del disegno stesso.

13.4 Faccia lavorare i bambini a coppie e li inviti a comporre oralmente le forme verbali che si possono ricavare dall'osservazione delle "piante". Al fine di rendere più divertente l'attività, può invitare i bambini a mimare i verbi (fornisca un esempio, nel quale indica anche il soggetto).

14 Quante parole ha mangiato il mangiadrillo?

Testo: "Uhh, ha mangiato tutto!".

14.1 Faccia osservare i disegni e le relative forme verbali che escono dalla pancia del coccodrillo. Li legga e metta in evidenza i relativi soggetti.

14.2 Faccia quindi completare le linee tratteggiate sul libro, come nell'esempio, e infine faccia leggere quello che è stato scritto.

15 Che cosa mangia il mangiadrillo?

15.1 A questo punto dovrebbe essere chiaro che il mangiadrillo mangia solamente le desinenze dei verbi. Nel disegno del libro dello studente c'è il mangiadrillo che dice "*Ho fame*". Dica allora ai bambini "*Facciamo mangiare il mangiadrillo, ma... che cosa mangia?*". Cerchi quindi di elicitare tutti i verbi che i bambini ricordano (a turno si possono far mimare i verbi conosciuti, in modo che i bambini li indovinino giocando) e li scriva (all'infinito) alla lavagna con la desinenza di diverso colore a seconda della coniugazione.

15.2 Inviti i bambini a ricomporre le parole sulle piante e a colorarle (se ha scritto i verbi in –*are* con la desinenza rossa, anche i bambini sul libro dovranno colorare i frutti-desinenza di rosso, e così via per le altre coniugazioni).

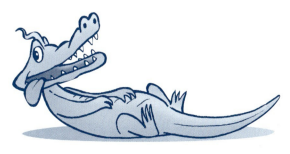

16 Scriviamo

16.1 Inviti i bambini a osservare le vignette e a inserire il verbo corretto nelle relative frasi. Prima di farli scrivere si faccia dire cosa succede nelle vignette e cerchi di suggerire (nel caso i bambini da soli non ci riuscissero) il verbo mimando le azioni.

16.2 Dopo che avranno scritto le frasi se le faccia leggere ad alta voce, così da verificare anche l'esattezza nella scelta dei verbi.

CHIAVI:

2 Togo legge un libro.
3 La foca nuota nell'acqua fredda.
4 Io guardo la televisione.
5 Tu dormi in camera da letto.
6 Il canguro salta sui prati verdi.
7 Noi mangiamo la torta.
8 Il cane dorme sotto il letto.
9 Il topo cammina sopra la gabbia del leone.
10 Tu apri lo zaino.
11 Noi coloriamo la lavagna.
12 Bianca apre il quaderno.
13 Togo chiude la porta.
14 Io prendo la gomma.

LA COPPA DEI CAMPIONI: 3

1 Ascoltiamo e scriviamo
Che cosa non va bene?

Come già accaduto nella prima parte della Coppa dei Campioni, presentiamo qui un'attività in cui le conoscenze lessicali giocano un ruolo di secondo ordine rispetto alla capacità logica di saper classificare gruppi di vocaboli (in questo caso gli animali) in base a caratteristiche comuni. Si tratta sempre di una attività preparatoria all'attività successiva.

L'elemento che nell'unità 7 ha differenziato gli animali è l'ambiente in cui vivono, per cui proponiamo l'ascolto di quanto segue:

Il leone, il gatto, il pappagallo, il topo.   (non va bene il pappagallo perché vola)
Il cane, il canarino, il tucano, l'aquila.   (non va bene il cane perché cammina)
L'elefante, la balena, il cavallo, il cinghiale. (non va bene la balena perché nuota)

Prima di procedere all'ascolto, scriva alla lavagna "*Che cosa non va bene?*", "*Perché?*". Spieghi ai bambini come procede l'attività (anche se la conoscono dato che hanno già fatto attività di questo tipo), poi li inviti a scrivere le risposte su un foglio che si farà successivamente consegnare.

Per l'assegnazione dei punti dia mezzo punto per ogni nome correttamente risposto e 1 punto in caso di correttezza del perché l'animale non è adeguato al gruppo.

2 Scriviamo ancora

Faccia leggere le frasi riportate sul libro dello studente:

Chi cammina?   **Chi nuota?**   **Chi vola?**

e inviti i bambini a scrivere su un foglio, sotto ogni domanda, l'elenco degli animali che conoscono.
Si tratta di un'attività che i bambini hanno già svolto nell'unità 7, ma in questo caso non c'è la possibilità di ricorrere al dizionario illustrato per ricordare i nomi degli animali.

Al termine si faccia consegnare i fogli e assegni mezzo punto per ogni animale correttamente scritto (con l'articolo determinativo). Quindi scriva il nome degli animali alla lavagna e inviti tutti i bambini a scriverlo sul loro libro.

3 Scriviamo ancora
che cos'ha Andalù?

Faccia osservare l'immagine del personaggio variopinto rappresentato sul libro dello studente e inviti i bambini ha scriverne la descrizione su un foglio che poi si farà consegnare.

Come verifica scriva alla lavagna la descrizione corretta e inviti i bambini a riportarla ognuno sul proprio libro.

Assegni mezzo punto per ogni elemento del corpo indicato correttamente con il relativo colore.

Questa è la descrizione:

…Andalù ha una gamba rossa…, un occhio giallo, un occhio verde, i capelli rossi, la bocca verde, una gamba gialla, il naso blu, un orecchio arancione, un orecchio viola, un piede nero, un piede rosa, una mano marrone, una mano bianca.

4 Com'è?

Faccia completare, su un foglio, le didascalie sotto le immagini del libro dello studente.

Al termine si faccia consegnare i fogli e attribuisca mezzo punto a ogni risposta corretta, quindi scriva le stesse risposte corrette alla lavagna, invitando i bambini a ricopiarle sul loro libro.

CHIAVI:
È basso, è alto, è bello, è brutto, è magro, è grasso.

5 Che cosa fa?

Faccia completare, su un foglio, le didascalie sotto le immagini del libro dello studente.

Al termine si faccia consegnare i fogli e attribuisca un punto a ogni risposta corretta, quindi scriva le stesse risposte corrette alla lavagna, invitando i bambini a ricopiarle sul loro libro.

CHIAVI:
Canta, dorme, salta, vola, legge, nuota, gioca.

6 La rana e il fiume

Concludiamo anche questa parte della Coppa dei Campioni con *La rana e il fiume*, così come già avvenuto nelle due precedenti sezioni dedicate alla verifica.

La procedura è la stessa incontrata in precedenza, per cui riportiamo le stesse indicazioni:

Suddivida la classe in squadre di quattro.
Dapprima esegua il gioco indicato sul libro di testo. I bambini devono riordinare correttamente la frase, in modo da poter attraversare il fiume e raggiungere il regalo che c'è sull'altra sponda.

Successivamente inviti i bambini ad andare alle pagine XXXII e XXXIII degli allegati, dove incontreranno una serie di sassi da ritagliare e da incollare nell'ordine corretto.

Faccia incollare tutti i sassi (frasi) su dei fogli quindi si faccia consegnare i lavori, attribuendo come al solito un punto a ogni risposta esatta. Faccia una croce di fianco alle frasi errate, poi scriva alla lavagna tutte le risposte corrette, in modo che i bambini verifichino dove hanno sbagliato.
Nel caso avesse poco tempo a disposizione può semplicemente fare scrivere le frasi su un foglio, senza far tagliare e incollare le pietre. Quindi si faccia consegnare quanto scritto e riscriva le forme corrette alla lavagna.

La seconda fase dell'attività può essere svolta individualmente dai bambini e consiste nel fare collegare le frasi (due a due) che possono stare insieme. Dia l'esempio con la prima *"Che cos'hai? Sono triste"*. I bambini devono tagliare le frasi e rincollarle su un altro foglio nell'ordine corretto (in caso di mancanza di tempo si ricorda quanto detto nel paragrafo precedente).
Per questa attività conceda 15 minuti di tempo e alla fine del lavoro si faccia consegnare i nuovi fogli, assegni un punto a ogni domanda e risposta esatte. Il primo che consegna il lavoro tutto corretto prima dello scadere dei 15 minuti avrà diritto a un bonus di 8 punti, il secondo 6, il terzo 4 e il quarto 2. Nel caso di errori riscontrati nei lavori consegnati prima dello scadere del tempo, non si ha diritto a nessun bonus.

Riportiamo qui le frasi mescolate e quelle corrette, nell'ordine finale. Nell'allegato del libro dello studente le frasi hanno chiaramente un ordine sparso.

hai, cos', ?, che	**Che cos'hai?**
triste, sono	**Sono triste.**
giorno, ?, oggi, è, che	**Che giorno è oggi?**
lunedì, oggi, è	**Oggi è lunedì.**

questo, ?, animale, è, che	Che animale è questo?
cane, un, è, questo	Questo è un cane.
dove, il, ?, viene, da, pappagallo	Da dove viene il pappagallo?
Brasile, dal, viene	Viene dal Brasile.
balena, fa, ?, cosa, che, la	Che cosa fa la balena?
nuota, balena, la	La balena nuota.
mangia, Pietro, ?, cosa, che	Che cosa mangia Pietro?
la, lunedì, pizza, mangia	Lunedì mangia la pizza.
vuoi, ?, cosa, fare, che	Che cosa vuoi fare?
con, giocare, palla, voglio, la	Voglio giocare con la palla.
fare, ?, che, vuole, cosa	Che cosa vuole fare?
sopra, vuole, il, dormire, letto	Vuole dormire sopra il letto.
gatto, ?, c'è, un	C'è un gatto?
dentro, sì, la, è, leone, gabbia, del	Sì, è dentro la gabbia del leone.
la, mangiare, torta, posso, ?	Posso mangiare la torta?
bene, va, sì	Sì, va bene.
scrivi, cosa, ?, che, con	Con che cosa scrivi?
penna, la, con	Con la penna.

UNITÀ 10 TUTTI A CASA

Quest'ultima unità rappresenta un momento di revisione, per cui si sono introdotti pochi elementi nuovi e si è lasciato molto spazio alla storia, attraverso la quale si possono avere spunti e occasioni di ritornare su strutture e lessico già conosciuti.

FUNZIONI		GRAMMATICA	LESSICO	ABILITÀ TRASVERSALI
Dire i numeri da 30 a 100.		1° persona plurale di *essere* e *avere*.	I numeri da 30 a 100. La benzina, il chilometro il litro, il distributore, il problema. La porta, la finestra, il campanello. La mela, il panino, il bicchiere d'acqua.	- formulare ipotesi, fare previsioni e verificarle, - ascoltare e comprendere attraverso il registratore e l'immagine, - memorizzare, - leggere e comprendere informazioni, - contare fino a 100, - utilizzare la motricità corporea per apprendere i numeri in funzione comunicativa, - risolvere problemi, - distinguere rumori e associarli a immagini date, - classificare in base a caratteristiche comuni, - cooperare, - riflettere sui meccanismi della lingua e della comunicazione.
Chiedere le intenzioni di terzi.		Che cosa fai quando arrivi a casa?		
Descrivere azioni abituali.		Pietro mangia un panino.		

1 Ascoltiamo

STORIA: Togo, Pietro, Bianca e Poldo ritornano sull'astronave dopo aver salutato Mangiadrillo e intraprendono il viaggio verso casa.

Coro:	Dieci, venti, trenta, quaranta, cinquanta, sessanta, settanta, ottanta, novanta… cento.
Togo:	Voliamo!

1.1 Faccia ascoltare la cassetta a libro chiuso, mostrando le figurine illustrate relative alle decine.

1.2 Metta le stesse figurine in diversi punti della classe e per il secondo ascolto faccia indicare i numeri nel momento in cui vengono scanditi nella casetta.

1.3 Provi poi a far ripetere ogni numero in un crescendo come per seguire l'aumentare della velocità sino a quando il cento sarà quasi gridato. Provi almeno due volte.

1.4 Faccia ripetere per l'ultima volta, a libro aperto, facendo leggere i numeri.

2 Ascoltiamo

STORIA: Mentre Togo accompagna a casa Pietro, Bianca e Poldo, dalle nuvole spunta un'astronave misteriosa nella quale si intravede un'ombra scura. I ragazzi non si accorgono dell'astronave misteriosa, risolvono con la polvere magica il problema del carburante che scarseggia e continuano il loro viaggio verso la casa di Pietro.

Testo:

Pietro:	Siamo al chilometro 31.
Togo:	Abbiamo poca benzina.
Bianca:	Il prossimo distributore è al chilometro 58.
Togo:	Nooooo!.

2.1 Prima di iniziare l'attività ponga alcune semplici domande ai bambini relative all'ombra misteriosa, in modo da stimolare la loro curiosità. Attraverso questa fase di elicitazione può anche verificare le strutture e il lessico finora appresi [ad es. *"Chi è?, Che cos'è?, Come si chiama?, Da dove viene?, Quanti anni ha?, Quando è il suo compleanno?, Di che colore è?, Com'è (alto, basso, ecc., cioè una descrizione fisica)?, Che cosa fa?, Che cosa vuole fare?"*] e così di seguito fino a esaurire tutte le domande a cui i bambini possono rispondere.

Durante l'attività orale sarebbe opportuno che Lei scrivesse alla lavagna le domande, cercando anche di riassumere, sempre per iscritto, le risposte dei bambini. Si può creare un cartellone che andrà utilizzato per il libro successivo, dove si scoprirà la vera identità del personaggio misterioso.

2.2 Faccia osservare i disegni dei diversi riquadri e faccia prevedere cosa verrà detto nel dialogo.

2.3 Faccia quindi ascoltare le battute.

CLASSE MONOLINGUE: chieda ai bambini cosa sta succedendo e li inviti a fare previsioni sulla prosecuzione della storia e a fornire ipotesi di soluzione.

2.4 Dopo il primo ascolto chieda: *"Perché Togo dice no?"* cercando di elicitare, con le strutture fin qui apprese, le possibili ipotesi e le relative soluzioni.

3 Leggiamo

Testo:

Togo:	Abbiamo solamente 2 litri di benzina.
Pietro e Bianca:	E allora?
Togo:	Allora è un problema!

Faccia leggere ad alta voce il testo del dialogo e chieda che tipo di problema può essere e quali possono essere le soluzioni.

4 Dov'è il problema?

PREREQUISITI: I bambini devono saper individuare i dati essenziale e sottintesi per la risoluzione di un problema. Devono saper risolvere un problema di matematica con una domanda e due operazioni.

4.1 Inviti i bambini a lavorare a coppie e a rileggere tutti i dialoghi dell'unità, quindi a completare le frasi guida che servono alla risoluzione del problema.

Frasi-guida:
Togo, Pietro, Bianca e Poldo sono al ...**chilometro 31**...
Il distributore è al ....

L'astronave ha .... litri di benzina
Con 1 litro l'astronave fa .... chilometri.

4.2 Giri tra i banchi e osservi il lavoro dei bambini. Quando tutti avranno finito di completare le frasi, le faccia leggere ad alta voce.

Osservi poi la domanda riportata nel libro dello studente:

Domanda:
L'astronave arriva al distributore?   SI   NO
Perché?

Chieda di rispondere e infine faccia svolgere nella parte a quadretti il problema matematico.

4.3 Giri tra i banchi e osservi cosa scrivono i bambini. Quando avranno terminato il problema, lo imposti alla lavagna, facendo leggere i numeri e i passaggi ad alta voce. Aiuti i bambini nel caso che non conoscano i termini "*più, meno, per, diviso e uguale*".

5 Giochiamo con i numeri

MATERIALE OCCORRENTE: figurine illustrate con i numeri da 10 a 100.

5.1 Prenda le figurine illustrate con le decine da dieci a cento e mostri ai bambini le prime cinque carte: 20, 40, 60, 80, 100. Faccia dire loro il numero della figurina illustrata e prosegua allo stesso modo con le altre figurine: 10, 30, 50, 70, 90.

5.2 Dopo aver ripetuto e scritto i numeri (in ordine sparso sulla lavagna), inviti i bambini a girare le spalle alla lavagna, cancelli un numero e dica loro di osservare e ricordare quale è stato cancellato. Faccia scrivere la risposta su un foglio e prosegua con la cancellazione di un ulteriore numero.

5.3 Alla fine (quando tutti i numeri saranno stati cancellati e scritti) si faccia ripetere le decine in ordine di cancellazione.

6 il dizionario illustrato

5. 1 Faccia ora completare l'immagine sul libro dello studente e poi le immagini che trova alla pagina XXXIV allegata, facendo scrivere la parola o il numero che manca.

5.2 Faccia infine tagliare le figurine e le faccia quindi incollare sul dizionario illustrato.

7 Giochiamo a tombola

MATERIALE: Un gioco della tombola.

Sarebbe opportuno che Lei si procurasse un gioco della tombola, in modo da poter giocare senza problemi con tutti e 90 i numeri e avere già a disposizione le cartelle con i numeri stampati.

Per chi non avesse mai avuto occasione di conoscere il **gioco della tombola**, ricordiamo che si gioca con cartelle da 15 numeri ciascuna, suddivisi su tre linee da 5 numeri. Chi estrae i numeri (di norma cilindretti contenuti in un sacchetto di stoffa o di plastica) ha anche il compito di completare il cartellone, nel quale sono riportati tutti i numeri fino a 90.
Possibilità di premi: ambo (due numeri nella stessa fila), terno (tre numeri nella stessa fila), quaterna (quattro numeri nella stessa fila), cinquina (cinque numeri nella stessa fila) e tombola (tutti i numeri della cartella). Vince chi li fa per primo.

Nel caso non avesse a disposizione una tombola, sul libro dello studente vi è una cartella della tombola, senza numeri. Per quanto riguarda i numeri da estrarre, può preparare a casa i biglietini con i numeri e il relativo cartellone.

Inizi dunque a giocare a tombola, estraendo Lei i numeri per la prima volta, e facendo poi estrarre il bambino che per primo farà tombola. Per le vincite minori può offrire la possibilità di poter usufruire di una cartella in più (che Lei avrà già in precedenza preparato su dei fogli) per la partita successiva in caso di quaterna e di due cartelle in caso di cinquina.

7/bis Giochiamo (attività supplementare o alternativa)

Nel caso ritenesse la tombola un gioco troppo statico e avesse bisogno di movimentare la classe, oppure come semplice attività aggiuntiva, può far eseguire il gioco seguente:

MATERIALE: una palla.

Faccia sedere i bambini per terra, possibilmente in cerchio, e se lo ritiene opportuno si segga anche Lei con loro. Prenda la palla e scandendo il numero 1, tiri la palla a un bambino, che dovrà dire 2. Così di seguito fino a 100. Chi sbaglia numero viene eliminato.

Altra possibilità o prosecuzione dello stesso gioco:

PREREQUISITI: i bambini devono conoscere le tabelline.

Se il gioco risulta troppo semplice (oppure come prosecuzione del gioco e consolidamento dei numeri) potrebbe, ad esempio, far sostituire al 7 (o ad altri numeri a Sua scelta), ai multipli di 7 (14, 28, ecc.) e\o ai numeri in cui è presente il 7 (17, 27, 37, ecc.) la parola BUM. Chi sbaglia numero o dice il numero al posto di BUM viene eliminato.

8 Completiamo

8.1 Torni brevemente alle attività 6 e 7 dell'unità 4: faccia riosservare la differenza tra il 21, il 28 e gli altri numeri e chieda ai bambini prima di leggere e poi di completare per iscritto (in lettere) i numeri riportati nel libro dello studente.

I numeri sono:
Trentuno, quarantacinque, quarantotto, cinquantuno, cinquantatré, sessantaquattro, sessantotto, settantuno, settantasei, ottantotto, ottantanove, novantuno, novantaquattro, novantasette, novantotto, cento.

9 Che cosa fa Togo?

9.1 Chieda ai bambini che cosa può fare Togo per risolvere il problema.

9.2 Faccia ascoltare il testo, nel quale la parola "*polvere*" viene sostituita dal battito (tre battiti corrispondenti alle tre sillabe della parola) delle mani.

Testo:

Togo:	Bianca, che bello,
	guarda anche tu:
	il problema non c'è più.
	Abbiamo ancora la .... blu.

9.3 Faccia ascoltare una seconda volta e infine chieda ai bambini di provare a indovinare e inserire la parola "*polvere*".

9.4 Faccia leggere e ripetere la filastrocca.

10 Che cosa fanno i bambini?

10.1 Faccia osservare le immagini e chieda: "*Perché i bambini sono contenti?*". Faccia poi ascoltare la cassetta e, se lo ritiene opportuno, inviti i bambini a saltare in base al ritmo della cassetta.

Testo:

Togo, Bianca, Pietro:	Chi non salta, chi non salta eh, eh,
	un guardiano, un guardiano è, è.

10.2 Faccia ascoltare la cassetta con lo scambio di battute tra Togo e Pietro e mimi sia la domanda di Togo (*Che cosa fai?*), sia l'invito di Pietro (*ascolta*).

Testo:

Togo:	Che cosa fai quando arrivi a casa?.
Pietro:	Ascolta e indovina.

10.3 Passi poi all'ascolto dei rumori, a libro chiuso, ripetendo la cosa almeno due volte e cercando di far immaginare ai bambini cosa stanno ascoltando.

10.4 Faccia aprire il libro e inviti poi i bambini a collegare le frasi alle immagini e infine faccia completare le frasi con i verbi corretti.

1 Pietro ....un panino (mangia).
2 Pietro .... un bicchiere d'acqua (beve).
3 Pietro .... sul letto (dorme).
4 Pietro .... la televisione (guarda).
5 Pietro .... la doccia (fa).
6 Pietro .... con il computer (scrive).
7 Pietro .... con la palla (gioca).

11 Che cosa fa Bianca?

11.1 Faccia osservare gli oggetti riprodotti sul libro dello studente e successivamente faccia ascoltare i rumori della cassetta. Probabilmente i bambini non conosceranno i termini "*porta* (nell'esempio), *finestra, campanello e mela*". Per questo può passare all'attività successiva, dove si rimanda alle pagine allegate in cui sono rappresentate le immagini per il dizionario illustrato. Alla pagina XXXV ci sono "*la porta, la finestra, il campanello*" che andranno alla pagina "LA CASA" del dizionario, e "*la mela, il bicchiere d'acqua e il panino* (questi ultimi due termini sono apparsi nell'attività precedente)" che invece devono essere incollati nella pagina IL CIBO.

11.2 Faccia poi completare le didascalie sotto le immagini e faccia leggere le frasi ad alta voce, riportandole sulla lavagna.

12 Scriviamo

I bambini lavorano a coppie o a piccoli gruppi e compongono frasi prendendo un elemento da ogni cesta. Al termine faccia leggere le frasi ai bambini.

13 Il campionato dei ricordi: decima partita

13.1 Divida la classe in squadre di 4 bambini.

Prenda le figurine illustrate relative ai verbi, le mostri alle squadre e faccia dire il verbo corrispondente. Faccia poi ripetere i verbi ai bambini e scriva alla lavagna tutti i verbi che vengono loro in mente, assegnando un punto a ogni verbo detto. I punti accumulati costituiscono un bonus da usare per la prosecuzione del gioco.

13.2 Una volta elencati i verbi alla lavagna faccia comporre delle frasi complete. A ogni frase corretta le squadre ricevono 5 punti, che vanno a sommarsi a quelli precedenti. Un errore toglie invece due punti.

13.3 Al termine, come sempre, predisponga il cartellone riassuntivo della partita con i fogli scritti dai bambini.

14 Cantiamo: a casa!

STORIA: I bambini tornano a casa con Poldo. Nessuno si accorge che c'è un'astronave che li insegue.

CLASSE MONOLINGUE: chieda ai bambini come andrà a finire la storia, guardando il disegno.

Si tratta di una canzone che serve innanzitutto come sviluppo della storia, un modo cioè per riportare i personaggi a casa e creare i presupposti che permetteranno lo sviluppo del libro successivo, dove Togo, Pietro Poldo e Bianca partiranno per Blunasia.

Frasi introduttiva alla canzone:

Bambini:	A casa!
Genitori di Pietro:	Ma dove siete stati? E lui chi è?

Faccia ascoltare la cassetta e seguire direttamente il breve dialogo sul libro, quindi passi subito all'ascolto della canzone.

Testo della canzone

Bambini in coro:	Siamo andati in tutto il mondo, molto grande e rotondo, per portare gli animali dritti a casa con le ali. Il leone adesso corre, mangia molto e poi dorme. L'orso bianco ride e nuota, anche se ha la pancia vuota. Il canguro adesso salta, sopra l'erba molto alta. Il pappagallo vola alto ... ... e noi facciamo un grande salto!

14.1 Faccia ascoltare la canzone una prima volta a libro chiuso, chiedendo ai bambini di comprendere quali animali vengono citati.

14.2 Faccia poi ascoltare la canzone con il libro aperto, in modo che in bambini controllino quanto previsto e osservino anche i disegni. Durante l'ascolto mimi il più possibile quanto detto nella canzone, sia verbi ("*corre, mangia, ecc.*") sia alcuni aggettivi ("*grande, rotondo, ecc.*").

14.3 Faccia una fotocopia del seguente testo e la distribuisca ai bambini, invitandoli a completare con le parole mancanti mentre ascoltano ancora la canzone.

Siamo andati in tutto il ....,
molto grande e rotondo,
per portare gli ....
dritti a casa con le ali.
Il leone adesso ....,
mangia molto e poi ....
L'orso bianco ride e ....,
anche se ha la pancia vuota.
Il canguro adesso ....,
sopra l'erba molto alta.
Il pappagallo .... alto
... e noi facciamo un grande salto!

14.4 Faccia ascoltare una terza volta la canzone e inviti i bambini a correggere quanto hanno scritto.

14.5 Faccia infine cantare la canzone (i bambini possono leggere il testo sul libro).

15 Giochiamo

MATERIALE: dadi da gioco.

Gioco dell'oca con revisione generale delle strutture del primo libro.

Disponga i bambini a gruppi di quattro. Si procuri dei dadi (in base al numero dei bambini) che i bambini utilizzeranno per giocare. Il loro segnaposto può essere una gomma, un temperino o un oggetto simile.

I bambini a turno tirano il dado e si posizionano sulla casella corrispondente al numero uscito. Leggono e eseguono ciò che viene loro richiesto: se non eseguono correttamente, devono tornare al punto da cui sono partiti. Vince chi prima arriva al traguardo.

Alleghiamo le chiavi del gioco, che Lei dovrà fotocopiare e distribuire a ogni gruppo di bambini, così che gli stessi possano giocare autonomamente.

RISPOSTE

1. Chi sei?
2. Da dove vieni?
3. Verde.
4. Mi chiamo ....
5. Sette.
6. Ci si sposta di due caselle in avanti.
7. È una\la matita.
8. Un\il libro.
9. 16
10. Ci si sposta di tre caselle in avanti.
11. È la mamma di Pietro.
12. Lo zio.
13. È la mia.
14. Come stai?
15. Si torna all'inizio del gioco.
16. Ci si sposta di cinque caselle.
17. Quanti anni hai?
18. Data di nascita di chi risponde.
19. Ventotto.
20. Una\la palla.
21. Di chi è la pizza?
22. Dov'è la mia macchina?
23. Ti piace la torta?
24. Ha Freddo.
25. È dietro la poltrona.
26. Ci si sposta di due caselle indietro.
27. Ci si sposta di due caselle in avanti.
28. È sopra il letto.
29. In\nel bagno.
30. Oggi è lunedì, martedì.......
31. Questo è un cane.
32. Si torna alla casella 18.
33. Che cos'hai? (si può accettare anche "Come stai?")
34. Il bambino deve fare il verso del cane.
35. È un\l'elefante.
36. Viene dall'Australia.
37. Ci si sposta indietro di tre caselle.
38. Ci si sposta avanti di due caselle.
39. Vuole bere.
40. (Togo) dorme.
41. (Bianca) mangia una fetta di torta (o la torta).
42. È grasso.
43. (Pietro) legge.
44. Con la mano.
45. Posso giocare con la palla?
46. Ci si sposta indietro di tre caselle.
47. 74
48. È un\il naso.
49. 59

CIVILTÀ 3 IL TEMPO DELLA SCUOLA

STORIA: Sono tornati a casa: Pietro, Bianca e Chinci sembra vogliano andare a trovare i loro amici a scuola. C'è un problema: a scuola non c'è nessuno, siamo in giugno e la scuola è finita.

CLASSE MONOLINGUE: chiedete come mai non c'è nessuno in classe e se qualcuno sa quando in Italia finisce la scuola.

1. Ascoltiamo

Togo:	Ma qui non c'è nessuno!
Bianca:	Lorenzo, Cecilia, Giovanni, dove siete?
Pietro:	Guarda! C'è un calendario.
Bianca:	È vero siamo in giugno!
Togo:	E allora?
Pietro:	in Italia la scuola finisce in giugno e inizia a settembre.
Togo:	Ohhhh, però !

1.1 Prima dell'ascolto inviti i bambini a riconoscere i nomi che vengono detti e i mesi dell'anno che vengono citati. Scriva alla lavagna quanto dicono i bambini, poi proceda all'ascolto a libro chiuso.

1.2 Sempre a libro chiuso effettui un secondo ascolto, verificando le risposte date, quindi faccia completare le frasi nel libro dello studente.

IN ITALIA LA SCUOLA FINISCE IN ....
IN ITALIA LA SCUOLA INIZIA IN ....

A questo punto può chiedere ai bambini "*Vi ricordate gli altri mesi dell'anno?*", facendoglieli ripetere oralmente.

2 Rispondiamo

2.1 Faccia osservare il disegno ai bambini e faccia leggere loro le domande. Inviti poi bambini a disporsi a coppie e farsi dapprima la domanda e rispondere, quindi faccia loro completare le frasi sul libro.

NEL MIO PAESE LA SCUOLA INIZIA IN ....
NEL MIO PAESE LA SCUOLA FINISCE IN ....

3. Le vacanze

Osservando il disegno i bambini dovrebbero poi essere in grado di completare le seguenti tabelle:

ITALIA
Inizio scuola ....
Fine scuola ....
Altre vacanze ....

MIO PAESE
Inzio scuola ....
Fine scuola ....
Altre vacanze ....

Faccia osservare il calendario scolastico e faccia operare un confronto tra i due sistemi scolastici completando le due tabelle e quindi porgendo ai bambini domande del tipo:

"Quando sono le vacanze in Italia?"
"Quando sono le vacanze nel tuo paese?"

Faccia infine completare le seguenti frasi:

In Italia la scuola ....in Settembre.
Nel mio paese la .... in ....

In Italia la scuola ....in giugno.
Nel mio paese ....in ....

Le vacanze in Italia sono in ...., in ...., in ....
Nel mio paese le vacanze ....in ....

Finito di stampare nel mese di settembre 2003
da Guerra guru s.r.l. - Via A. Manna, 25 - 06132 Perugia
Tel. +39 075 5289090 - Fax +39 075 5288244
E-mail: geinfo@guerra-edizioni.com